İYİ OLACAKSIN

Yere düştün diye her şey bitti mi sandın?

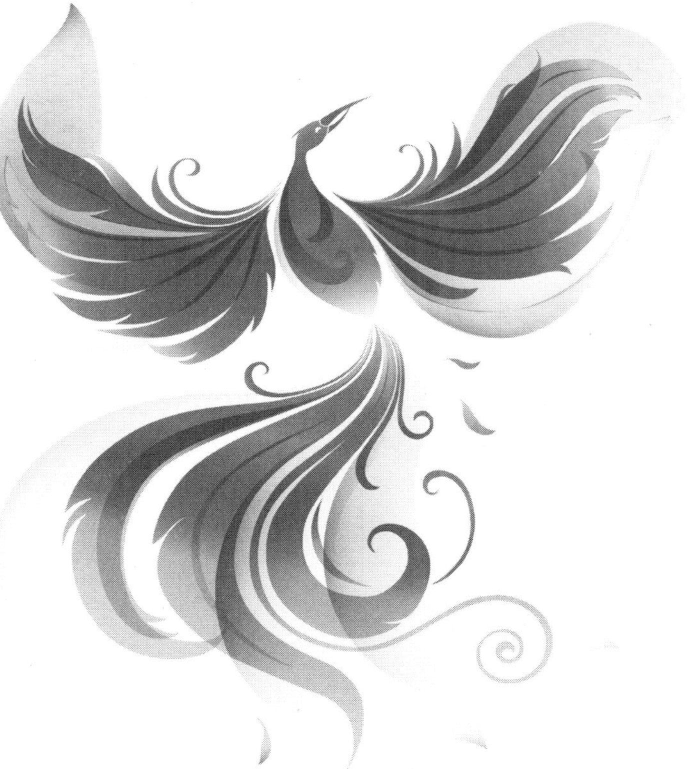

SİBEL UZUN

Gözümün nuru Sudehan'ıma…

İÇİNDEKİLER

TEŞEKKÜR

Kıymetli cevherlerim... Canımın ta özü değerli okurlarım. En kocaman teşekkürüm sizlere. Sizler iyi ki varsınız. Sizlerin varlığını hissetmek benim için paha biçilemez. Dönüşen hayatlarınıza tanıklık etmek ise apayrı bir sevinç kaynağı benim için, bana bu duyguları yaşattığınız için teşekkür ederim. Sevgili ailem... Sizlerden aldığım gücü de tarif edemem. Çok şanslı olduğumun aşırı farkındayım. İyi ki sizin gibi bir ailem var dedirttiğiniz için teşekkür ederim ve sevgili yayınevim Destek Medya Grup Başkanı Sayın Yelda Cumalıoğlu'na ve arıları kıymetli emekçilerine... Emekleriniz çok kocaman. Eserlerimi okurlarıma ulaştırmakta arı gibi emek verdiğiniz için çok teşekkür ederim.

Hiç durmayan tekâmül sürecimde katkıları kocaman olan yol eşlikçilerime sonsuz şükran ve minnetle...

Sibel Uzun

2024 İstanbul

NİYET EDİYORUM

Önceki eserlerim gibi canlı olduğunu biliyorum canım kitap. Bunun için niyet ediyorum; tüm âlem-i cihana yayıl ve ulaşman gereken herkese kolaylıkla ulaş. Kutsal kitabımızın ilk emri "Oku!" düsturu hepimizin kalbine yayılsın her satırın sadırdan okunsun. Sadırdan okunan her satırın kalplere nakış eylesin. Karanlığa düşmüş, canı yanan, çıkmazda, çaresiz, yorgun, bıkkın, bezgin, umutsuz her kim var ise içindeki âlemin keşif yolcusu olsun. Bu eserin doğumu 15 aylık bir süreci aldı. Yaptığım araştırmalar size cem olsun. Allah her birimizin nurunu ona tekrar dönüşümüzde hakkıyla tamamlamayı nasip etsin.

Yol herkese ışıklarla görünsün, herkes yolunun yolcusu, halden hale geçişinin öncüsü olsun...

BAŞLARKEN

Merhaba ışığım, kıymetli cevherim...

Ruhunun aydınlığı, kalbinin sıcaklığı her daim nail olsun. Onun içindir hep seslenirim sana, *"Ruhu ay, kalbi güneş olanım..."* diye. Ruhunun bağlantısı evrenin ay ışığında hep sana ışık tutsun... Kalbinin yanışı her daim güneşin çevresinde aşkın istilasında olsun... Sen ki her ne yana dönersen dön kendi çehrenle karşılaş... Bu yolculukta hazreti insan olmanın varlıktaki hakikati ile tüm makrodan mikroya âlemi hakikat ile seyre duracağız... Okudukça ruhu ay olanım dememin derin manasına erişeceksin.

Farabi'nin dediği gibi: *"Âlem büyük insan; insan küçük âlemdir."*

Bu düsturla kendimizden kendimize yapacağımız her yolculuk âlemlerin Rabb'ine dönüş için olacak. *Işığın Şifa Yolu* kitabımda yer verdiğim en önemli konulardan biri evrenin ve âlemin yaratılışta yasalara bağlı oluşu ve muazzam bir dengede oluşuydu. Çünkü insanda evrenin bütün tüm özellikleri Allah'ın bize nurundan üflemesiyle zuhur bulmuştur. İnsan âlemi kendi kalbinden görmeyi başarırsa âlemin kendisi olduğunu hatırlayacaktır.

Ayet-i kerimede şöyle buyrulur:

اِنَّا كُلَّ شَيْءٍ خَلَقْنَاهُ بِقَدَرٍ

"İnnâ kulle şey-in ḣaleknâhu bikader(in)."

"Şüphesiz biz her şeyi dakik, şaşmaz bir ölçüye ve bir kadere göre yarattık."

– Kamer[1] Suresi (54) 49. ayet, Ömer Çelik meali

49. ayette geçen قَدَر (kader) kelimesine iki farklı mana vermek mümkündür:

Birincisi, *ölçü, düzen ve ahenk*: Allah Teâlâ tüm kâinatı ve varlıkları hikmetin gereklerine uygun bir şekilde, *sağlam, şaşmaz ve dakik ölçülere* göre, belli bir *düzen, denge* ve *ahenk* içinde yaratmıştır. Bugün varlıkların yapıları, özellikleri ve birbiriyle olan münasebetleri ile alakalı yapılan bilimsel incelemeler, kâinattaki bu şaşmaz *ölçü, nizam ve ahengi* gözler önüne sermektedir. Akıllara hayranlık veren bir nizam ve bunlardaki çok ince ölçülere göre cereyan eden yaratılış gerçeği, Allah Teâlâ'nın sonsuz *kudret, ilim ve hikmetini* haykırmaktadır. Üstelik bunları *yaratmak* Allah Teâlâ için hiç de güçlük doğurmamaktadır. Sadece *"Ol!"* demekte ve gözün süratle bir bakışı, bir kıpırdanışı kadar kısa bir zamanda dilediği her şey olmaktadır.

İkincisi, Allah Teâlâ her şeyi bir kader ile yaratmıştır. Her şeyin, meydana gelmeden önce ezelde, Allah'ın ilminde takdir edilen bir kaderi, yani ilmi bir değeri vardır ki kazasının cereyanı yani fiilen yaratılışı, o kadere göre meydana gelir.

1. Kamer Suresi Mekke'de nazil olmuştur. 55 ayettir. İsmini 1. ayette geçen ve "ay" manasına gelen اَلْقَمَر (kamer) kelimesinden alır. Resmi tertibe göre 54, iniş sırasına göre 37. suredir.

Ayet-i kerimede şöyle buyrulur:

"İster kıtlık, kuraklık, deprem gibi yeryüzünde meydana gelen bir musibet olsun, ister hastalık, açlık, ölüm gibi kendi canlarınızda, onu daha biz yaratmadan önce o bir kitapta (Levh-i Mahfuz'da yazılmış) yazılıdır. Şüphesiz bu, Allah'a göre pek kolaydır."

– Hadid (27) 22. ayet

"Kâinattaki bu şaşmaz ölçü, nizam ve ahenk." İşte tam bunun için okuyacaksın bu kitabı. Kafanı her gökyüzüne kaldırdığında âlemlerin kapısı açılsın bilgeliğine. Sen küçük âlem insan... Merak edeceksin dahasını... Balı çaldım, iştahını yukarıdaki satırlarla kabarttım... Bu yolculuğumuzda inanılmaz keyifli olacak. Bu kitapta yine çok güzel önergelerle karşılaşacaksın. Çıkmaz sandığımız o yollardan çıkabilir sayısız uyuyan ihtimali uyandırabiliriz. Ve hep tekrarladığım gibi tüm güç ve potansiyel sende... Bazı bölümlerde konuyu havada bırakmışım gibi algılayabilirsin, derin tefekkür edersen o gizli hazinenin altın anahtarını bulacak, havada gibi görünen konunun senden içeri âlemde olduğunu göreceksin. Haydi bakalım yolumuz hayır ve bereketli olsun. İlimden ilime açılacak olan kapılarımıza daha şimdiden şükürler olsun.

Bu andan tezi yok biliyorum...

Sen kendine doğacak, kendine umut olacaksın... Ve sana söz veriyorum İyi Olacaksın...

Aşkın İstilası – Önce Yanmak Gerek

"Aşka uçmadıktan sonra kanatlar neye yarar?"

– Hz. Mevlana

Dört tane kelebek bir gün bir ateş görmüşler ve ateşin nasıl bir şey olduğunu öğrenmek istemişler.

Birinci kelebek ateşe biraz yaklaşmış ve üzerinin aydınlandığını görmüş.

Arkadaşlarının yanına gelmiş ve:

"Bu ateş aydınlatıcı bir şey!" demiş.

İkinci kelebek bununla yetinmeyerek daha fazla şey öğrenmek istemiş. Biraz daha yaklaşmış ve ısındığını hissetmiş. Demiş ki:

"Aynı zamanda bu ateş ısıtıcı bir şey!"

Üçüncü kelebek bununla da yetinmemiş, biraz daha biraz daha yaklaşmış. Bir anda ateşin kanatlarını yaladığını hissetmiş ve yanmış kanatlarıyla geri dönmüş. Şöyle demiş:

"Ve bu ateş yakıcı bir şey!"

Sonuncu kelebek daha da çok şey öğrenmek istiyormuş.

Biraz yaklaşmış, aydınlandığını görmüş.

Biraz yaklaşmış, ısındığını hissetmiş.

Biraz daha yaklaşmış, ateş kanatlarını kavurmuş.

Ve biraz daha yaklaştıktan sonra tamamen yanan kelebek "Pof!" diye ortadan kayboluvermiş.

Ateşin gerçekten ne olduğunu belki bir tek o öğrenmiş ama geri dönüp söyleyememiş çünkü kaybolmuş o ateşin içinde.

Bir şeyi ancak o şeyin içinde kaybolan bilebilirmiş. Aşkın istilasına uğramayan aşkı tadamaz. Bir kere aldın mı o aşkın tadını, kapıldın mı ona iş bitmiştir. Yol görünmüştür ve o yola girdin mi artık dönüş yoktur.

"Aşka vardıktan sonra
kanadı kim arar?"

–Yunus Emre

Kocaman zifiri karanlık bir odada bir kibrit yakın. O kocaman karanlığın bir kibritin yarattığı aydınlığı yutamadığına şahit olacaksınız. Ne var ki kibrit daha çok kendi etrafını aydınlatır. Demek ki etrafı aydınlatabilmenin ilk basamağı önce kendini aydınlatmaktır.

O ışığı gören başka ışık sahipleri de birbirine yakın olursa o karanlık odanın her bir köşesi aydınlanacaktır. Demek ki aydınlığın fark yaratabilmesinin ikinci basamağı ışığı olanların birlik olmasıdır. Hakikat tektir. Sadece bir tane *gerçek* vardır.

Bu hakikatin farklı lisanlarda, farklılıkları olan insanlar tarafından söylenmesi bunu güçlendirir. Tüm farklılıklarımıza rağmen hepimizin "Bir" olduğunu idrak edinceye dek karanlık hüküm sürmeye devam edecektir. Karanlığınızı aydınlatmanın tek yolu *içinizdeki ışığı açmaktır...*

Hazreti Mevlana Celalettin-i Rumi diyor ki:

"Mum olmak kolay değildir.
Işık saçmak için önce yanmak
gerekir."

Kendimizi aydınlatmadan başkalarını aydınlatma yoluna koyulmamız gerekir. Kendi tekâmül yolumuzdaki tüm karanlığı bilincimizi en üst seviyeye farkındalıkla taşıyarak yola çıkmalıyız. Dünya geneline baktığımızda negatif planın enerjisi inanılmaz derecede üst seviyeye çıkmış durumda. Şimdi her birey, her bilinç tamamen kendi sorumluluğunu alarak tüm açmazları açmaya, tüm kırılmaz direnç seviyelerini kırmaya niyetle başlamalı. Dünyayı sevgi kurtaracak derken hiçbir düşünür latife yapmıyordu, sadece bunun farkında olalım ve koşulsuz sevgiyle bağlantı kurup aydınlanma yolunda ilk adımı atalım. Yarını güzelleştirecek olanın bugünde, şimdinin bilincinde olduğunu hatırlayalım. Her gün başka olayların tahammül sınırımızı zorladığını fark etmeye başladık, fazlasıyla empatlığımızı keşfeder olduk çünkü biriz ve bütünüz. Uyanmaya başladığımız bugünlerde her acıyı derinden bu yüzden hissediyoruz. Şimdi yanma vakti, yanıp etrafı aydınlatma vakti.

Yunus Emre'ye göre, aşk her şeydir. Her şeyden önce Tanrı aşktır, varoluş aşktır. Yer, gök, arş, ferş aşktır. Dağları zerre zerre eriten, denizleri umman eden, kaynatan, coşturan aşktır. Göklerin dönmesine sebep olan aşktır.

Vahdet-i vücut anlayışına göre kâinatın yaratılış gayesi aşktır. Vücut-ı mutlak, aynı zamanda "cemal-i mutlak"tır. O'nun şanı kendini izhar etmektir. İşte Cenabı Hak da Aşk-ı Zati sebebiyle kendini görmek istedi ve bir ayna mesabesinde olarak kâinatı ve insanı yarattı. Bir kutsi hadiste "Ben gizli bir hazine idim. Bilinmeyi istedim ve âlemi yarattım" buyurulur. Allah'ın bilinmeyi istemesi aşktır ve bu aşk özün özüdür. Bu varoluş nazariyesinde aşk her şeydir. Evrenin özünü aşk oluşturur ve bütün mevcudattaki ilk cevher aşktır. Bu aşkta Allah, asli sevgidir ve her şeyin özüdür. Nasıl ki O'nun mutlak güzelliği, bütün güzelliği kâinata güzellik verir; her bir güzellik de O'ndan bir iz taşır...

Yunus Emre'ye göre Hakk'ın varlığı aşktan başka bir şey değildir. Bu kelime doğrudan onun için de kullanılmaktadır. Varlığı aşk olan Allah'ın yarattığı varlıklar da aşk ile aşk için yaratılmış olacaktır...

Hazreti Mevlana Celalettin-i Rumi'ye sormuşlar: "Aşk nedir anlat?"

"Ben ol da bil..." demiş.

"Anlatılmaz yaşanır..." der Mevlana...

Mevlana'ya göre aşk, öyle bir kimyadır ki o ancak can madeninde bulunur. Aşk, varlığın en esaslı en sırlı sebebidir. Herkes kendi kabını doldurur, kendi kabını aşkla dolduracak kendi potansiyeli ve kademesince... Ne doldurursan kendinden kendine onu bilirsin. Nefsine uyana bu yollar kapanır, nefsine ağır gelen değildir imtihan, aşk yolunda nefsinin talebinin tersini yapmaktır...

O zaman geceye, gündüze, tüm kâinata, varlığa, çokluğa, birliğe aşk ola...

"Aşka uçma, kanatların yanar..."

– Sadi Şirazi

Alak

سورة العلق

İkra' bismi rabbikelleziy halak.
Halekal'insane min 'alak.
Ikre' ve rabbükel'ekrem.
Elleziy 'alleme bilkalem.
Allemel'insane ma lem ya'lem.

Yaratan Rabb'inin adıyla oku!
O, insanı bir alekadan (embriyodan) yarattı.
Oku! Rabb'in sonsuz kerem sahibidir.
O Rab ki kalemle yazmayı öğretti.
İnsana bilmediği şeyleri öğretti.

– Alak Suresi

Kuran-ı Kerim'in doksan altıncı suresi. Adını ikinci ayetinde geçen alak kelimesinden alan surenin ayet sayısı, bazı farklı görüşler olmakla birlikte, on dokuzdur. Fasılaları ب، ة، ق، م، ی harfleridir. Genellikle "kan pıhtısı" diye açıklanan alakın, döllenmiş hücrenin ana rahminde tutunan, yani embriyon safhasından önceki halini (nidation) ifade ettiğini söylemek mümkündür. "Oku" anlamına gelen ilk kelimesi "ikra"dan dolayı İkra adını da alan bu surenin ilk beş ayeti Hz. Muhammed'e gelen ilahi vahyin başlangıcını teşkil etmektedir. Alak Suresi'nin Mekki surelerden olduğu kesindir; ancak onun Kuran'ın ilk nazil olan suresi olduğu konusunda ihtilaf vardır. Bazı müfessirler ilk nazil olan surenin Müddessir, bazıları da Fatiha olduğunu ileri sürmüşlerdir. Daha çok tercih edilen görüşe göre,

Alak Suresi'nin ilk beş ayeti Kuran'ın ilk nazil olan ayetleridir. Müddessir Suresi'nin ilk ayetleri ile daha başka bazı ayetlerden sonra tam sure olarak ilk nazil olan sure ise Fatiha'dır.

Alak Suresi'nin ilk beş ayetinin nüzulü hakkında Buhari ile Müslim'in Hz. Ayşe'den gelen rivayetlerine göre, Hz. Peygamber inzivaya çekilmeyi âdet edindiği Mekke ile Mina arasında bulunan Hira mağarasında iken, ramazan ayının 27. pazartesi gecesi tanyerinin ağarmaya başlamasından az önce ufukta nurdan bir şekil görmüş ve o zamana kadar hiç karşılaşmadığı bu nurani varlığın kendisine seslendiğini duymuştur. Resul-i Ekrem olayı şöyle anlatır:

> *"O varlık bana Cebrail olduğunu, Allah'ın beni peygamber seçtiğini ve bunu bildirmek için kendisini görevlendirdiğini söyledi. Bana istincayı ve abdest almayı öğretti. Ben de temizlenip dönünce okumamı emretti. Kendisine okuma bilmediğimi söyledim. Beni kolları arasına alıp kuvvetle sıktı; sonra 'Oku!' dedi. Ben yine, 'Okuma bilmem' dedim. Beni tekrar kolları arasına aldı, kuvvetle sıktı ve 'Oku!' diye tekrar etti. Ben yine 'Okuma bilmem' dedim. Üçüncü defa kolları arasına alıp daha kuvvetlice sıktıktan sonra bıraktı ve şöyle dedi: Oku, yaratan Rabb'inin adıyla; insanı alaktan yaratan O'dur. Oku, Rabb'in nihayetsiz kerem sahibidir. Kalemle yazmayı öğreten O'dur. İnsana bilmediğini öğreten O'dur."* (Buhari, *Bed'ü'l-vaḥy, 3*; Müslim, *İman, 252*)

Surenin geri kalan on dört ayetinin çok daha sonra ve Ebu Cehil hakkında nazil olduğu rivayet edilir.

Alak Suresi, vahiy bilgisinin insanı olgunlaştırmadaki önemini belirtmektedir. Buna göre yaratanı tanımak, ilmin de dinin de temelini teşkil eder. İlk vahyin "Oku!" emriyle başlaması ve bu emrin beş kısa ayet içinde iki defa tekrar edilmesi, okumanın insan hayatında ne kadar önemli olduğunu göstermektedir. Birinci emrin yaratanı, ikinci emrin ise kalem karinesiyle yaratılanları tanımaya işaret olduğu da söylenmiştir. Kuran, insanın öteki canlılar arasındaki yerini belirlerken onun "mazhar-ı esma" kılındığını ve bu öğrenme özelliği ile onlardan ayrıldığını ifade eder. Bilgisiz olan ve biraz da zenginliğine güvenip şımaran kimsenin kolayca emir ve kuralları çiğnediği, bu surenin daha sonraki ayetlerinde bildirilir. İnsanın gerçek kurtuluşu ise Allah'a yakınlaşma çabasına bağlıdır. Bu da onun çevresine zarar veren kötü ve çirkin huylardan arınıp Allah'ın emirlerine itaat etmesiyle ve bu itaatin en belirgin ifadesi olan secde ile mümkündür. Surenin son ayeti buna işaret etmek üzere secde emrini ihtiva etmektedir; nitekim bu son ayette *tilavet secdesi* vardır. Sure, insanı hem başlangıç hem sonuç bakımından bütün olarak ele almaktadır. İnsan olarak yaratılmak bilmeyi, tanımayı, tanımak ise yaratana secde etmeyi gerektirir. Sure bütünüyle, *"Ben cinleri ve insanları yalnızca bana kulluk etsinler diye yarattım"* (ez-Zariyat 51/56) ayetinin açıklaması gibidir.

Her an hay olduğunun farkında olmak, yaratılış gayeni bulmak, amacına uygun bir birey haline dönüşmek her an alaktır. Her attığın adımda can buluyor her şey. Tüm olasılıklar. Sana önemli bir hatırlatma yapmak isterim ki her ne kadar her şey cüzi iraden gereği senin elinde ifadeleri yer alsa da günümüzde eksiği tamamlamak iyi olacaktır.

Her ne olursa olsun Allah'ın külli iradesinin cüzi irademiz boyutunda kaderimize etkileri vardır. Yani cüzi irade de külli iradenin katında yazılıdır. Onun için farkındalık her an olmalı, her şeyin iç içe olduğunu bilmeliyiz.

Yakınlaş... Allah'a yakınlaş... Onun içindir ki:

Yek katre-i hûnest, sâd hezârân endîşe.

"İnsan bir damla kan, yüz binlerce endişedir."

Şimdi ilk emirde olduğu gibi "Oku!" ve ayet hep seninle hay olsun...

Her şey cem olmakta. Her şey tevhitte, her şey aşkta. Bu âlemde varlığının sebebi var, kendine dön ve kendinden kendi yoluna tanık ol...

Süreyya'ndaki Şira hep parlasın...

Kıssadan hisse:

Sen Kulluğunu Yap Allah Allahlığını Yapar

Vaktiyle son derece takva ve vera sahibi bir derviş varmış, her gece sabahlara kadar ibadet ve zikrullah ile meşgul olurmuş. Bu zat, yine böyle sabaha kadar zikrullah ve ibadetle meşgul olduktan sonra yatmış ve rüyasında kendisine "hitab-ı izzet" vaki olmuş. Cenabı Hak'tan gelen lafızsız, sessiz, savatsız ve cihetsiz bu hitap: *"Hiç boşuna uğraşma, ne kadar ibadet edersen et, ne yaparsan yap, cehenneme gideceksin!"* şeklinde imiş.

Adamcağız uyanınca yıkılmış, perişan olmuş. Büyük bir yeis içinde, son bir defa danışmak için mürşidine gitmiş ve ağlayarak gördüğü rüyayı anlatmış. *"Her gece sabahlara kadar evrat ve ezkâr ile meşgul olduğum halde Cenabı Hak beni cehenneme atacağını söylüyor. Madem cehenneme gideceğim, öyleyse artık ibadet etmeme de lüzum kalmadı. Benim halim ne olacak?"* diye ümitsizce dert yanmış. Şeyh Efendi, kâmil bir mürşit imiş ve bendesine şu nasihati vermiş:

"Hiçbir şey olacağı yok. Allah seni imtihan etmiş. Sen kulluğunu yap, Allah Allahlığını yapar."

Efendi Hazretleri buyururlardı ki:

"İbadetler, ne cennet arzusuyla ne de cehennem korkusuyla yapılmalı. Bunlar için ibadet eden, Allah'a ibadet etmiş olmaz, nefsine ibadet etmiş olur. Allah'a Allah olduğu için yani ibadete yegâne layık O olduğu için ibadet etmeliyiz. Allah, cenneti ve cehennemi halk etmeseydi, O'na ibadet etmeyecek miydik?"

Makbul olan ibadet, ivazsız ve garazsız olandır.

– *Hazret-i Aşkî*, Muzaffer Ozak

İlmin Afeti Unutmaktır

A'meş şöyle rivayet etti:

"Resulullah (s.a.v.) şöyle buyurmuş: *İlmin felaketi unutman, zayi edilmesi de onu ehli olmayana rivayet etmendir.*"

Hz. Ali demiştir ki:

"Şu hadisleri müzakere ediniz. Birbirinizi de ziyaret ediniz. Çünkü siz (böyle) yapmazsanız, onlar yok olup gider."

İlmin devam etmesi; eğitim ve öğretim faaliyetlerinin devam etmesine, ilim meclislerinin oluşturulup müzakereler yapılmasına bağlıdır. Bu faaliyetler olmazsa gerek toplumda ve gerekse ilimle hemhal eden kimselerin zihinlerinde bilgi ve bilimsel faaliyetler unutulur. Hal böyle olunca sıklıkla üzerinde düşündüğüm bir konuyu sizlere arz etmek isterim cevherlerim...

İlmin afeti iddiadır aynı zamanda... Bilmediğinizin afetine tutulursunuz, öğrendiğinizi yarım yamalak verirseniz yine tutulursunuz bu afete. Afetten kaçmak tedbiri gerektirir. Tedbir tevekkülü, tevekkül tefekkürü, tefekkür ise iradeyi. Bunlar cem olunca halden hale hal olursun. Halden hale hal olunca ilmin afeti değil ilmin bereketi, nuru, aydınlığı, bilgeliği yağar üzerine durmadan. İnsan unutandır dedik hep. Verdiğin sözleri, aldığın ilmi tahsilin edebiniz terbiyesini unutur iddiaya tutulursan helak olmaman ne mümkündür? Sana tahsis edilip öğretilmemiş ilmi kulaktan duyma aktarırsan da afete uğrarsın... Onun için unutan olma, iddia eden olma...

İbni Arabi *Fütuhat*'ın bir yerinde şöyle der:

> *"Mertebe bakımından bu ilimlerin en üstünü Allah'ı bilmektir. Allah'ı bilmeye giden en yüce yol ise tecellileri bilmektir. Onun altında ise teorik bilgi bulunur ki artık onun altında Tanrı'ya dair bilgi yoktur."*

Varlığın Hakikati

Düşünce tarihinde filozoflar varlık kavramıyla beraber *vücut, mevcut, şey* kavramlarını da kullanmışlardır. Genel değerlendirmelerin varlık kavramı çerçevesinde ortaya konulduğu ve üzerinde görüşler serdedildiği görülmektedir. Varlık, yokluğa karşı olarak var olan şey, oluşa karşı bir şey olarak değişmeden aynı kalan bir gerçeklik ve boşluğa karşıt bir şey olarak mekânda bir yer işgal edebilen kalıcı gerçeklik anlamlarına gelmektedir.

Varlık (vücut) kavramı lügatlerde kelime anlamı olarak "kaybolan bir şeyi bulmak, bir şeye ulaşmak, sahip olmak, zengin olmak" anlamlarına gelen "vcd" kökünden türeyen bir isimdir. İnsan aklının herhangi bir düşünme eylemi gerçekleştirmeden elde ettiği en genel kavramlardan biri olarak kabul edilen varlık kavramı apaçık bir kavram olarak değerlendirilmektedir. Râgıb el-İsfahânî, "şey" maddesini açıklarken bu kavramın bilinmesi sahih olan bir şeyi ifade ettiğini belirterek onun kendisinden haber verilebilen bir şey olduğunu söyler. Bu kavramın Allah ve başka bir mevcut ve hatta madum hakkında da kullanılabildiğini belirtmekte, bazılarına göre ise bu kelimenin sadece mevcut (var) olanlar için kullanıldığını zikretmektedir.

Varlık problemini felsefenin bir problemi olarak ilk ortaya koyanın Parmenides olduğu bilinmektedir. Kavramlar zıtlarıyla anlaşıldığı için varlık kavramı yokluk kavramıyla bilinmektedir.

Parmenides "*Varlık vardır, yokluk yoktur...*" diyerek yokluğun varlık kavramının zıddı olmaktan öte bir varlığının olmadığını belirtir. Ona göre varlık hakkında onun var olduğu dışında başka hiçbir şey söylenemez. O, bu değerlendirmesiyle düşünce tarihinin en önemli metafizik yorumlamalarından birini ortaya koyarak varlığın "Bir" olanın mutlak birliğini ve gerçekliğini ifade etmiştir. Var olan vardır veya diğer bir söyleyişle var olan vardır var olmayan var değildir diyerek varlık hakkındaki görüşünü ortaya koymuştur. Parmenides'e göre varlık bir, bölünemez ve süreklidir. Var olanı dolu olanla, var olmayanı da boşluk veya boş mekânla ifade eden filozof, bölünmeme sebebini var olanda boşluğun bulunmamasına bağlar.

Eflatun soyut varlıkların iyilik, yardımseverlik gibi erdemlerin özlerini değişmez, müstakil varlıklar olarak görmüş ve bunlara idealar demiştir; somut olanların varlıklarını da bu idealardan neşet ettiğini belirtmiştir. Eflatun'a göre idealar, diğer deyişle tümel kavramlar varlığın aslını ifade etmektedirler.

İslam düşüncesinin oluşturucu filozofu olarak da anılan Farabi (870-950), mahiye terimini kelamın eşya ve mevcudat tartışmasına dahil eden ilk filozoftur. Farabi varlık kavramını zorunlu, mümkün ve imkânsız olmak üzere üç kavram içerisinde ele almaktadır. Farabi'ye göre en üstün cins olan "şey" var ve yok türlerine ayrılmaktadır. Bu görüşün Mutezili görüşle örtüştüğünü söylemek mümkündür. Ancak Farabi bu görüşü yumuşatarak var olana mümkün veya zorunlu diyerek bağlantı kurmaktadır. Farabi bunu şu örnekle somutlaştırmaktadır: "Zeyd adil bir kişidir" önermesinde "dir" bağının yerine var/mevcut ifadesinin getirilebileceğini belirtir. O zaman önerme "Zeyd adil bir kişi olarak mevcuttur" şeklinde ortaya çıkar. Bunun yanında Farabi "dir" bağının yerine "şey" kavramının konulamayacağını belirtir. Çünkü ona göre önerme o zaman "Zeyd adil bir kişi olarak şeydir" şekline gelir ki önermenin bu haliyle herhangi bir anlam ifade etmediğini belirtir. Bu açıklamalardan anlaşılmaktadır ki Farabi düşüncesinde mevcut ile şey kavram olarak farklı anlamlara sahiptirler.

Farabi, sudur kuramına inanan bir düşünürdür. Ona göre Yüce Allah ilkin ilk aklı sudur yolu ile var etmiştir, ilk akıl, zatı itibariyle mümkün, başka varlığa nispetle vaciptir. İlk akıldan ikinci akıl ve en yüksek felek meydana gelir. Daha sonra akıllar, felekler sudur yoluyla devam eder. Akıllar dizisi faal akılla son bulur. Onuncu akıl faal akıl adını alır. Feleklerin sonuncusu Ay küresidir. Her feleğin bir de nefsi vardır. Ay altı âlemdeki heyulaya felekler etki yapar. Feleklerin dönüşü sonunda heyulada birtakım yetenekler oluşur. Böylece ateş, hava, su ve toprak meydana gelir. Ateş, hava, su ve toprağın uyuşmasından madenler, nebatlar, hayvanlar ve insanlar meydana gelir. İnsan bedeni var olduğu zaman bedene ruh akıp gelir. Ne zaman ana rahminde tohum hazır olursa ona faal akıldan ruh akar. Ruhun bedenden önce bulunması caiz değildir.

Farabi'ye göre, varoluşta ilk mertebe ilk sebeptir. Yani Allah'tır. Daha sonra ilk akıl gelir. Varoluşta son mertebe ise maddedir. Varoluş, üstün olandan aşağıya doğrudur. Ancak bu durum Ay altı âleminde aşağı olandan yukarı doğrudur.

Farabi, Gazali'nin acı eleştirisine uğramıştır. Bunun nedeni de Farabi'nin âlemin öncesizliğine varan görüşleridir. Ona göre âlem zat itibariyle Tanrı'dan gelmiştir. Ancak zaman açısından âlem öncesizdir. Farabi bu görüşünü aşağı yukarı şu şekilde açıklamaktadır:

"Eğer Yüce Allah âlemin varlığını öncesizde irade etmeyip sonradan dilediyse, O'nun iradesinde değişiklik oluyor demektir. Bu durumda Yüce Allah'ın iradesine değişme hali yüklenmiş

olur. Böyle bir görüşle Yüce Allah'ın irade sıfatı hafife alınmış olur. Ayrıca Yüce Allah âlemin varlığını öncesizde dilemeyip sonra dilemiş olsaydı, zamandan önce içinde yokluk olan zamanın varlığını kabul etmek gerekirdi. Zamansa cisimsiz düşünülemez. Çünkü zaman hareketin süresidir, sayısıdır. Hareket ise cismin yer değiştirmesidir. O halde cisim olmadan ne hareket olur ne de zaman olur. Bu durumda âlemin öncesizliğini kabul etmek gerekir. Çünkü âlem en büyük anlamda cisimdir."

Farabi, bu görüşünü ayrıca şöyle açıklıyor: Cisim var olmadan önce, üç ihtimal vardır. Onun varlığı ya imkânsız ya vacip ya da mümkündür. Eğer cismin varlığı imkânsızsa yoktur demektir. Varlığa geçmesi düşünülemez. Eğer varlığı vacipse öncesizdir demektir. O zaman tartışmaya gerek yoktur. Eğer üçüncü ihtimal düşünülürse yani var olmadan önce cismin meydana gelmesi mümkünse onun varlığı için bir mekâna ihtiyaç hasıl olur. Bu mekân da cisimsiz düşünülemez. Bu durumda âlem var olmadan önce cisim vardır demektir. Bu da maddenin öncesizliği görüşüne bizi götürür.

Gazali, Farabi ve İbni Sina'nın bu gibi görüşlerini eleştirmiştir. *Tehafut al-Felasife*'de her varlığın Allah'ın "Kün!", emriyle meydana geldiğini belirtmiştir. Yüce Allah'ın gücünün dilediğini dilediği zaman yaratmaya yeteceğini vurgulamıştır.

Varlık kavramının anlaşılmasında metafiziğin konusunun "varlık olmak bakımından varlık olduğunu" belirten Aristoteles'e göre bu tanım, birçok anlamı kendi içinde barındırmaktadır. Saf varlık, kendinde varlık, varlık olarak varlık gibi ifadeler insan bilincinden bağımsız bir varlığı adlandırmaktadır. Ona göre bu anlamların tamamı tek bir kavram ve tek bir doğayla ilgilidir. Aristoteles'in herhangi bir şeyin varlık kazanmasını sağlayan dört nedenin var olduğu söylemini İbni Sina şu şekilde ortaya koymaktadır:

- Maddi Neden (el-'illetü'l-unsuriyye)
- Şekli Neden (el-illetü's-suveriyye)
- Gaye Neden (el-illetü'l-gâiyye)
- Fail Neden (el-illetü'l-fâiliyye)

Herhangi bir eşyayı oluşturan ana madde, onun maddi nedenini oluşturmaktadır. O eşyanın şekli formel nedenini, yapılış gayesi de amaç nedenini, o eşyayı imal eden usta da fail nedeni oluşturmaktadır. Bunu örneklendirecek olursak bir ayakkabının ana maddesi onu oluşturan deri maddi nedeni, onun şekli formel nedeni, gaye olarak ayakları koruması amaç nedeni ve onu yapan usta da fail nedeni oluşturmaktadır. Aristoteles mahiyet kavramı konusunda değerlendirmelerini mantığın tanım teorisi eşliğinde ele almaktadır. Bu değerlendirmelerin İbni Sina'nın varlık kavramının anlam yükü ifadesine yön verdiği görülmektedir. Varlık, tümellere ve tikellere, somut ve soyut, zorunlu, mümkün varlıklar olarak sınıflandırılmasıyla varlığın değişik şekillerde ayırt edilişinin göstergesi olmaktadır. Zihni varlık değerlendirmesi mahiyet kavramını gündeme getirmekte ve onun üzerinde yapılan kavram değerlendirmelerinin önemini ortaya koymaktadır.

İbni Sina, varlık ve mahiyet kavramlarını felsefenin en önemli konu başlığı haline getirmiştir. Bu konunun anlaşılmasını kolaylaştırmak için bozulan ya da değiştirilen bir değerlendirmeyle sıralanabilecek olan, bir nesnenin var olduğunun söylenmesi ne anlama gelmektedir? Bir şey vardır derken varlık bir şey olarak özelleşmiş mi olmaktadır? Gerçekten mahiyet denilen şey varlıktan ayrı bir şey midir? Yoksa mahiyet varlığın başka bir formunu mu temsil etmektedir? Yoksa mahiyet yokluğu mu temsil eden bir kavramdır? Acaba ikisi arasındaki ayrım kavramsal bir ayırım mıdır? "Dünya vardır", "İnsan vardır", "Masa vardır" derken özne olan varlıkla yüklem olan varlık arasında nasıl bir ayırım vardır? Bu gibi sorulara cevaplar aramak gerekmektedir.

İbni Sina'nın varlık problemine bakışı varlık ve mahiyet kavramlarının ayrımı üzerine oluşturulduğu görülmektedir. Varlık hakkındaki bilgilendirmelerine varlığın ilk ve en temel kavramlardan olduğunu söyleyerek başlamaktadır:

> *"Kuşkusuz mevcut, şey ve zorunlunun nefiste anlamları ilksel olarak şekillenen şeylerdir. Bu şekillenme, onlardan daha iyi bilinen şeylerle kazanılmaya gerek duymaz. Zira önerme arasında bazı apriori ilkeler vardır ki onlar kendiliğinden tasdik edilir ve başka şeylerin tasdiki onlara bağlıdır. Bunlar hatırlanmadığında veya kendilerine delalet eden lafız anlaşılmadığında, o ilkeler vasıtasıyla bilineceklerin bilgisine ulaşmak mümkün değildir. Fakat bunları hatırlatmaya veya onlara delalet eden lafızları anlatmaya çalışan tarif, yaratılışta bulunmayan bir şeyin bilgisini ifade etmeyip, söyleyenin kastettiği ve amaçladığı şeyi anlatmaya dikkat çeker."*

Ona göre bu kavramların tanımlanması teşebbüsü sadece kavranmış bir şeyin zihin tarafından farkına varılmasının zihne hatırlatılması çabasıdır. İbni Sina varlığın anlamı konusuna temas ederken varlığın ve şey'in nefislerde iki anlam olarak tasavvur edildiklerini belirterek varlığın mevcut, muhassal ve müspetle aynı anlamlara gelen eşanlamlı isimler olduklarını belirtir.

Bunun yanında gene aynı eserinde mevcut terimi müspetle (dış dünyada gerçekliği olumlanan) aynı anlam yükünü içermesine rağmen şeyin dış dünyada bir hakikate sahip olmasının gerekmediğini söyler.

Varlık anlamına kullandığı şey'in yerini bütün dillerde farklı kelimelerin aldığını belirterek bu kavramın her şeyin sayesinde kendisi olduğu bir hakikate sahip olduğunu ifade eder. Herhangi bir üçgenin "O üçgendir" denen bir hakikati ve beyazlığın, "O beyazlıktır" denen bir hakikatinin var olduğunu belirten İbni Sina, işte bunun özel varlık olarak isimlendirdiğimiz şey olduğunu belirtir. Burada bahsedilen anlamıyla varlığın şey'in sahip olduğu hakikat olduğunu açıklar. Diğer bir söyleyişle bu, şey'in sahip olduğu onun özel varlığıdır. İbni Sina bazen vücudun cins olmadığını ifade etmesinin yanında bazen de mevcudun en genel bir cins olduğunu ifade etmektedir. Ona göre şeyler varlıkta ve sabit olmada zihinde meydana gelmiş (muhassal) bir mefhumla ortaktırlar.

O, bu bakışını şu ifadelerinde dile getirir:

"Varlık ve birlik, bir yönden yüce cinslere benzerler. Onlara kuvve, fiil, illet, malul, zorunlu ve mümkün gibi metafizikte incelenen zati arazlar ilişir. Bazen de 'bir' ve 'mevcut'tan daha özel ve onların türlerin konumunda olan şeylere ilişirler."

İbni Sina, felsefedeki varlık problemine yeni bir bakış açısı getirmiştir. Onun bakış açısı çok önemli ve çok orijinaldir. İbn Sina'ya göre varlıkların sebebi aşktır. Ona göre mutlak ve külli aşk, aynı zamanda mutlak ve saf iyinin de aynıdır. Varlık hem aşktır hem de mutlak iyidir. Bu değerlendirmeleri zorunlu varlığın varlığını Tanrı'nın varlığının ispatı konusuyla bağdaştırarak ortaya koymuştur. İbni Sina' ya göre aşk, ilahi varlık ve diğer varlıkların sebebidir. Diğer bir deyişle ona göre aşk varlığın ve varoluşun sebebidir.

Muhyiddin İbnü'l-Arabi der ki:

"Küçük insan büyük âlemin minyatürüdür. İnsan varlığı âlemden daha küçük olsa da o büyük âlemin bütün hakikatlerini kendisinde toplamaktadır."

Derin tefekküre aşk ola...

Âlem ve Hazreti İnsan

Yek katre-i hûnest, sâd hezârân endîşe.
"İnsan bir damla kan, yüz binlerce endişedir" manasına gelen insan tanımı...

Erzurumlu İbrahim Hakkı Hazretleri âlemlerin yaratılışını *Marifetname* eserinde şu şekilde izah eder:

Birinci Bölüm-İkinci Madde

"Ey aziz, malum olsun ki, müfessirler ve muhaddisler ittifak etmişlerdir ki; Allah Teâlâ Hazretleri, birlik mertebesinde gizli bir hazineyken, tanınmayı ve bilinmeyi istemesi ve sevmesiyle, ruhlar ve cesetler âlemini yaratıp, kendi rahmetinin güzelliğini, celal ve azametini, bağış ve nimetini, sanatının çeşitliliğini ve hikmetinin sırlarını göstermeyi diledikçe; bütün yaratıklarından önce yokluğun sırrından pırıl pırıl yeşil cevheri vücuda getirmiştir. Bazı rivayetlere göre, kendi nurundan oldukça hoş ve büyük bir cevher var edip, ondan kâinatın tümünü derece derece ve düzenli biçimde ortaya çıkarmıştır. Buna, ilk cevher, nur-u Muhammedi, Cevh-i mahfuz, akl-ı kül, izafi ruh diye adlandırırlar ki bütün ruhların ve cesetlerin başlangıcı ve kaynağı bu cevherdir. Çünkü Hak Teâlâ muhabbetle o cevhere bir bakmıştır; o anda cevher, utancından eriyip su gibi akmıştır, halis özü üstüne çıkmıştır. O özden ilk olarak külli

nefsi yaratmıştır. Sonra meleklerin ruhlarını, bitkilerin ruhlarını, tabiatların ruhlarını sırasıyla yaratmıştır. Bu ruhlar için mertebelerine göre belirli makamlar tayin edip, her sınıf kendi belli makamlarına gitmiştir. Her ruh, kendi cinsini bulup, topluluklar oluşturmuş ve her topluluk makamında kalmıştır. Ruhlar ve melekler âlemi, bu on dört çeşit ruhla tamam olmuştur. Bu âlemin en yüksek, en saf ve en güzel olanını gaip âlemi, lahut âlemi, ceberut âlemi diye adlandırırlar. Ortasına, ruhlar âlemi, manalar âlemi, emirler âlemi derler. Alt kısmına, en kesif ve cisimlere yakın olan kısmına mücerret âlemi, berzah âlemi, misal âlemi derler.

Melekler ve ruhlar âleminin yaratılmasından iki bin yıl sonra Hak Teâlâ'nın ezeli iradesi diledi ki, nam ve şanını ortaya çıkarmak için cisimler âlemini yarattı. Bunun üzerine ilk cevhere muhabbetle bir daha bakmıştır. Onun yüzü suyu, utancından harekete gelip dalgaları yükselmiştir ve cevherin yüce özünden arş-ı azam vücuda gelmiştir. Öteki özlerinden kürsü, cennet, cehennem, yedi gök, dört unsur vücuda gelip şekillenmiştir. Arş-ı âlâdan esfel-i safiline dek bu suret âlemi, bu tertip üzere düzen bulup, on beş çeşit cisimle mülk âleminin ortaya konuşu tamam olmuştur. Bu âlemin üst tabakasına ulvi âlem, beka âlemi, ahiret âlemi derler; orta tabakasına orta âlem, gökcisimleri âlemi, felekler âlemi, gökler âlemi derler; alt tabakasına süfli âlem, cisimler âlemi, unsurlar âlemi, oluş ve bozuluşlar âlemi, dünya âlemi derler. Ruhlar ve melekler âlemindekilerle mülk âlemindekilerin toplamı yani ruhların çeşitleri ile basit cisimlerin sınıflarının hepsi, harfler misali yirmi dokuzda tamam olmuştur. Her iki âlemin varlıklarının birleşmesinden üç kısım bileşik cisim vücuda gelmiştir: Madenler, bitkiler ve hayvanlar. Tıpkı hece harflerinden isim, fiil ve harflerin vücuda gelip, insanların lisanı olduğu gibi, her iki âlemdekilerden de üç bileşim ortaya çıkıp, onlardan cihan kitabı sonsuz manalar kazanmıştır. Şu halde ibret gözüyle âleme bakan arifler, her nesnede nice hikmetler görmüşlerdir ve Allah dostları, Allah'ın yüce sanatının sırlarını anlayarak, birer harf olan eşyadan manaya ulaşıp, Hakk'ın huzuruna ermişlerdir."

Bu satırları okuyunca öncelikle kalp atışlarım değişiyor, sonra Allah'a olan aşkım ve hayranlığım hadsizce artıyor. Tüm âlemlerin nizami yaratılışı, her şeyin mutlak kader üzerinde varlığı, olacak olanın mutlak olması akıl, kalp, vicdan, ahlak muhasebesinin en doğru yapılması gerekliliğini gün gibi önüme koyuyor. Erzurumlu İbrahim Hakkı Hazretleri'nin ifadelerini elbette yorumlama gibi cahil cesareti göstermeyeceğim ama şunu kalpten biliyorum ki yazılan her bir satır sizin tarafınızdan sadırdan okunduğunda merakınızı cezp edecek ve derin tefekkürle birlikte araştırmaya koyulacaksınız. Size hep cevherlerim diyorum, boşuna demiyorum. Cevhersiniz. Öz yaratılışınızda bu var. Bu âlemde hakkı hakka teslim ederek tekâmülü tamamlayabilmek büyük marifet, onun içindir ki bizler hep takılıp düşüyoruz.

Sufi literatürde, insan-evren ilişkisinde sürekliliğin yanı sıra, onun, ilahi gerçeğin yüzünü örten bir "perde" olarak telakkisi de sıkça dile getirilmiştir. Bir başka ifadeyle, evren daima insan için hakikati saklayan bir örtü olmuştur, örtü olarak da kalacaktır. Mutlak ise, daima mutlak olarak sonsuza kadar devam edecektir. Metafiziksel anlayış, mutlak olanla göreli olan arasındaki farkı belirler. Burada önemli husus, perdenin gizemini çözmek, perde ötesi Mutlak'ın gösterdiği şeyi anlamak biçiminde olmalıdır. Temel gerçek, insanın, evren içerisindeki yerini tespit etmiştir; buna bağlı olarak da içine düşmüş olduğu kozmik çukurdan çıkmayı denemeye, bulunduğu göreli mekândan Hak alanına dönmeye davet edilmiş bir varlık olduğunu ima eder.

İnsan-evren ilişkisinin bir başka boyutu, Mutlak'ın, göreli olanın içerisinde semboller şeklinde tezahürüdür. Bu durum süreklilik gösterir. Sembolleri anlamak, evrenin hiyerarşik yapısıyla varlığın çok çeşitli tezahürlerini kabul etmek demektir. Tabiatta var olan semboller, değişmez ve kalıcıdır. Bunlar, evrenin niteliksel bir yönünü anlatır. Az evvel perdenin gizemi diye bir ifade kullandık, bu ifadede şunu belirtmek isterim ki Allah, kulu ile arasına perde koymamıştır. Kul, Allah ile arasına perde koymuş, gayesini ve amacını unutmuştur.

Fani dünya derim genelde, telaşı, temaşası, yetmesi, yetişmesi derken kul kulluğunu unutur bu âlemde... Halbuki yaratımın, sanatın muhteşemliğinin farkında mıyız? Tasavvufi düşünce sistemine göre, Yüce Yaratıcı Allah isim ve sıfatlarıyla evrende tecelli etmiştir; bütün bu tecelliler, insanda toplanmış bir durumdadır. İbni Arabi'ye göre, ilahi isim ve sıfatların, bütün varlıklarda örnekleri mevcuttur. Bunu bir ayetle de teyit eder (Hicr/21).

Mevlana da şöyle diyor: "Dünya köpüktür, Allah'ın sıfatları derya; bu köpük, sana, dünyanın saflığını örtüyor." (*Mesnevi*, C. VI, 3172)

Yine İbni Arabi, "Varoluşta O'nun isimlerinden başka hiçbir şey yoktur" (Fütuhat II/303.12) diyerek konuya açıklık getiriyor.

İnsan Allah'ın esmalarının terkibinin toplamıdır. Ve Allah insanı eşref-i mahlukat (yaratılmışların en şereflisi) ve ahsen-i takvim (yaratılmışların en güzeli, üstünü) olarak nitelendirmiştir. Bütün melekler ilk insan Hz. Âdem'in önünde saygıyla eğilmiştir.

Toplam 111 ayetten oluşan İsra Suresi 70. ayet diyor ki:

"Ant olsun biz âdemoğluna şan, şeref ve nimetler verdik; onları karada ve denizde taşıdık, kendilerine güzel güzel rızıklar verdik ve onları yarattıklarımızın çoğundan üstün kıldık."

"Takvim" kelimesi; kıymet biçmek, kıymetlendirmek manalarına gelir. "Ahsen-i takvim" ise, büyük bir biçimlendirmenin en güzeli demek olur. Bu da maddi ve manevi her türlü güzelliği içine alır. Gerek bedeni ve organları bakımından gerekse manevi bakımdan insan en güzel biçimde yaratılmıştır. Allah-ü Teâlâ'nın verdiği bu kıymet, onun fevkalade cismani yapısında, eşi ve benzeri bulunmayan akli durumunda ve ruhi bünyesinde apaçık görülmektedir. Mühim olan ise, insanın Allah-ü Teâlâ tarafından verilen fazilet ve meziyetini koruması, Rabb'inin kendisine bir lütuf olarak bağışladığı eşsiz emsalsiz nimetlerine karşı O'na nankörlük etmemesi; bedeninin, organlarının, akıl ve zekâsının hikmet ve değerini bilip, her birini en güzel bir şekilde kullanmaya ihtimam göstermesidir. Bu, zahirde mükerremliktir. Zahirde mükerremlik olduğu gibi, batında da mükerremlik vardır.

Hazret-i Ali Efendimiz buyururlar ki:

"Devan sendedir bilmezsin.
Derdin de sendendir görmezsin.
Sen kendini küçücük bir cirim zannedersin
Halbuki bütün âlemler sende dürülmüştür (de bilmezsin)."

İnsanı ne güzel yarattı ve onu namütenahi nimetlerle donattı. İnsan kâinatın hülâsası; arzın ve melekûtun, ceberut ve lahutun özü ve manasıdır. Zira mufassal olarak yaratılmış ne ki varsa, hülasa olarak insanda mevcuttur. İnsanın yaratılışında sayılamayacak kadar çok ince sanatlar, garip hikmetler, çeşit çeşit ziynetler vardır.

İnsanın bedeni yeryüzüne benzer. Damarlarda akan kan olduğu gibi, yeryüzünün vadilerinde akarsular vardır. Bedende acı kulak pınarı, gözde, burunda ve ağızda tatları değişik pınarlar olduğu gibi; yeryüzünde de tatları değişik su membaları vardır.

İnsandaki saç ve kıllara misal yeryüzündeki ağaç ve bitkilerdir. İnsanın neşe ve sevinci gündüze, üzüntüsü geceye, ferahlığı açık havaya, sıkıntısı buluta, sesi gök gürlemesine, gülmesi şimşeğe, ağlaması yağmura, nefes alıp vermesi rüzgâra benzer. İnsanın ahlakı da çeşitli hayvanların numune ve benzeridir. Hilekârlığı tilkiye, cahilliği fareye, herkese saldırması köpeğe, nankörlüğü kediye, inatçılığı keçiye, düşmanlığı yılana vs. benzer. İnsanın düşünce ve hatıralarına misal, berzah âlemidir. Kalbi ve ruhuna misal melekût âlemidir. Dış âlemde bulunan her şey insan âleminde bulunanların numunesidir. İlahi gerçek, maddenin düzleminde değil, ruhundadır. Ruh ve bilinç, her şeydir. Dikkatimizi, araza yani göreli olana değil, onun içerisinde mevcut cevhere yani hiçbir zaman değişmeyen ve değişmeyecek olan değere yönlendirmeliyiz. İnsan, toplayıcı ve bütünleştirici bir varlıktır âlemde. Evrendeki bütün ilahi isim ve sıfatları, ayrıntılarından uzak bir biçimde toplar, birleştirir. İnsan, yaratılışın ve varlığın gayesidir. Görülen âlem, yaratılışın anlam ve değerini insanda kazanır. Çünkü, insan, Hakk'ın aynası ve gözüdür.

Mevlana der ki:

"Sen cihanın hazinesisin; cihan ise yarım arpaya değmez."

Buradan anlaşılacağı üzere, evrende zıtlıklar biçiminde görülen durum ve şekillerdeki düzensizliğin ötesinde mevcut olan düzeni algılayabilen varlık, sadece insandır. Evrende gözlemlenen düzensizlik düzleminin arkasında saklı bulunan mükemmel düzenli yapının, ancak insan bilincinde var olduğu ve onun gayreti ile ortaya çıkabileceği şüphe taşımayan bir gerçektir. Zıtların buluştuğu bir alan olan insan, evren düalizmini kendisinde toplamıştır. Birey, bu zıtlardan birini tercih ederek olumlu ya da olumsuz bir karakter ve kimlik oluşturabilir. İnsan, tüm yaratılmışların en şerefli ve aziz olanıdır. Bu şeref ve izzetin elbette karşılığı vardır. Bu sorumluluk, geleneksel benlikten çıkarak kendini tanıma ve bütünleşme yolunda ıstırap ve sıkıntı çekerek yeniden doğuşun gerçekleşmesini sağlamaktır. Böylece, insan, gerçek özgürlüğü kazanmış olacaktır. Mevlana'nın, evrensel benliğin elde edilmesi hususunda sarf ettiği sözleri eserlerinin büyük bölümünde yer alır. Söz konusu "ben", eşyayı egemenliği altına alan Ben'dir: "Her şey sensin; her şeyden öte ne varsa o da sensin, onlar da senden ibarettir" der Mevlana.

Evrenin bütün planı, insanda mevcuttur; evren bir hologram gibi tertip edilmiştir ve insan da küçük bir hologram özelliği taşır. Ama birey o ana kaynaktan, gelişmişliği ve bilgisi nispetince yararlanabilir. Kendini tanıyan ve bilen birey, kendi benliğinin üstüne çıkarak evrenle uzlaşır, bütünleşir. Evrenle kendisini birleştiremeyen insanın kendisini sevmesi, tamamen egoistliktir. Böyle bir kişi, toplumdan ve evrenden kopar, kendisini kendi benliğinde hapseder; kısacası, özgürlüğünü büsbütün yitirerek tutsaklaşır.

İnsanın; kendi varlığının ne anlam ifade ettiğini anlayabilmesi, ancak nereden geldiğini idrak etmesiyle mümkündür. O, Yüce Kudret'ten ayrılarak dünya âlemine yani gurbete atılmıştır. Kendisini keşfedecek ve anlayacak olursa, bedenindeki bütün atom parçacıkları, bu ayrılığı, feryatlar biçiminde duyuracaktır.

İnsan ve kâinat... Biri ağaca diğeri meyveye benzetiliyor...

İnsan için küçük âlem, âlem için de büyük insan tabiri kullanılmış.

Kâinat-insan ilişkisinin en önemli göstergesi bütün varlık âleminin nur-u Muhammedi'den yaratılmış olması. O nurdan safha safha yaratılan bu muhteşem kâinat, ihtiva ettiği bütün âlemleriyle insan mahiyetinde temsil edilmiş bulunuyor. İnsanın hafızası Levh-i Mahfuz'dan haber verdiği gibi, insandaki demir elementi de âlemdeki demir madenini temsil ediyor. Ruh ve bedenden verdiğimiz bu iki örneğe yenileri eklenebilir.

"İnsan şu kâinatın hakaiklerine bir vahid-i kıyasidir, bir fihristedir, bir mikyastır ve bir mizandır. Mesela, kâinatta Levh-i Mahfuz'un gayet kati bir delil-i vücudu ve bir numunesi, insandaki kuvve-i hafizadır. Ve âlem-i misalin vücuduna kati delil ve numune, kuvve-i hayaliyedir."

– Lemalar

Gözle güneş, gıdalarla mide, hava ile akciğer arasındaki yakın ilgiye dikkat ettiğimizde, meyvenin dala takılı olması gibi insanın da kâinat ağacına adeta bitişik olduğunu hisseder gibi oluruz. Yerçekimiyle arza bağlı olmamız da bunun ayrı bir göstergesi...

İnsan-kâinat ilişkisini unutmak insana hem fikir hem de şükür kapısını kapatan büyük bir engeldir. Böyle bir insan, kendini bu muhteşem âlemden adeta tecrit eder de, onun yerine makama, paraya, alkışlara, şöhrete, desinler sevdasına bağlanır, demesinler endişesine kapılır. Bunlar çok küçük şeyler olduğu için, onlara bağlanan insan da manen çok küçülür, bücür kalır, gelişme göstermez. Halbuki, kendisini kâinat ağacının başında durmuş, yüzü ebedi âleme dönük ve ebedi saadete aday olarak gören insan, kâinatı çok gerilerde bırakan ulvi hedefleriyle çok yüce bir makama çıkar.

Şimdi en başa geri dön cevherim... İlk sayfaları yeniden oku ve bu andan itibaren bu kâinatın evladı olarak kendini oku...

Kozmik Frekanslar

"İlim bahçesi cennet bahçesidir."
– Hz. Ali (r.a.)

Kâinat inanılmaz bir ölçü ile yaratılmış. Allah'ın kurmuş olduğu katların ve katmanların içindeki mucizeleri anlatmak haddimiz olmasa da kabımızca örtüşen bazı kozmik detayları aktarmayı seçiyorum. Hep deriz ya bilim ilimden ilim de bilimden ayrı olmamalı diye. Nasıl ki evrende her şeyin bir sırrı ve aralanacak ilim kapısı varsa bilimin de bize sunduğu muhteşem detaylar var. Âlemlerin, yaydığımız beyin frekanslarıyla ilişkisi muazzam detaylardan biri...

Beyin frekansları bilimin ortaya koyduğu bir gerçek. Beynimiz nöron denilen sinir hücrelerinden meydana geliyor. Nöronlar birbiriyle elektriksel ve kimyasal sinyaller vasıtasıyla iletişim kuruyorlar. Beyin dalgaları beyinde gerçekleşen elektriksel aktiviteler ile ortaya çıkardığı ritmik ve tekrarlayıcı paternlerin toplamıdır. Davranış, duygu ve düşüncelerin planlanması gibi beyin fonksiyonları beyindeki elektriksel aktiviteler ile gerçekleştiriliyor. Beyin dalgalarının paterni kişinin bilinç durumu ve bilişsel süreçlerine göre değişkenlik gösterir. Örneğin yorgun ve uykulu hissettiğimizde daha yavaş beyin dalgaları baskın hale gelir.

Beyin aktivitesi genellikle çeşitli dalga tiplerinin kombinasyonunu içerir. İçinde bulunduğunuz duruma göre belirli tip bir dalga diğerlerine baskın gelebilir. Beyin dalgaları arasındaki denge bozulursa psikiyatrik ya da nörolojik hastalıklar görülebilir.

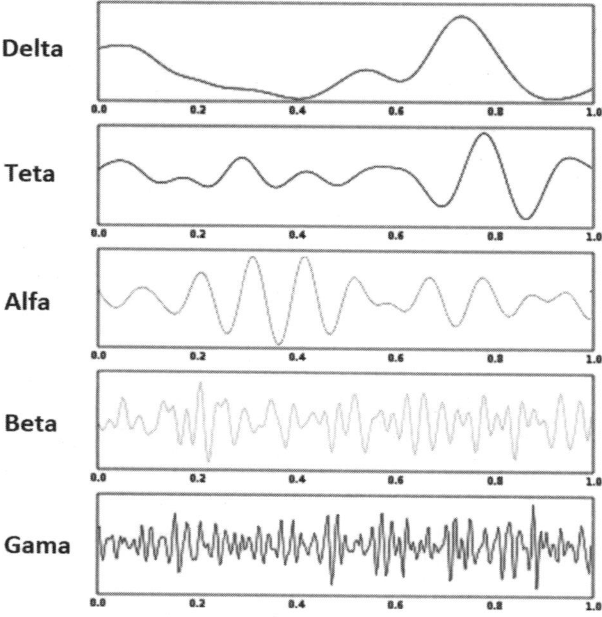

Hans Berger (21 Mayıs 1873 - 1 Haziran 1941) bir Alman psikiyatrdı. Beyin dalgaları olarak tanımlanan beynin elektriksel aktivitesini kaydetmek için kullanılan bir yöntem olan elektroensefalografinin (EEG) mucidi ve beyin dalgası türlerinden alfa dalgasının kâşifi olarak bilinir.

Beyin dalgaları kafa cildi üzerine yerleştirilen elektrotlarla sinyal alan elektroensefalogram (EEG) denilen teknikle kaydedilir. EEG en çok beyin kabuğundaki piramidal nöronların aktivitesinden etkilenir. Çünkü bu nöronlar düzenli dizilmiştir ve beraber sinyal üretirler. Daha derinlerdeki hücrelerin sinyalleri kafa cildindeki elektrotlara ulaşana dek zayıflar. EEG tek tek nöronların değil, nöron gruplarının senkronize aktivitelerini kaydeder. Keşfinden bu yana EEG zihinsel durum ve fonksiyonları değerlendirmede yararlı bir araç olmuştur. Epilepsi, uyku bozuklukları, Alzheimer hastalığı gibi sorunların tanınmasında EEG kullanılmaktadır.

Bilimsel aktiviteleri ilim çerçevesinde değerlendirmeyi hiç düşündünüz mü?

Her bir frekansın hatta beyin dalgalarının harflerin sırrında vuku bulduğunu biliyor musunuz?

Örneğin "elif", alfa frekansında karşımıza çıkıyor... Sırları mı? Derya deniz...

Hadi gelin biraz içine girelim, beyin dalgalarımızın kendi varlığımızın şuurunda hangi âlemlere kapı açtığına bakalım...

Öncelikle buraya âlemlerin açıklamalarını yazacağım. Sonra feleklerin döngülerinde biz insanlara yansımasını fark edeceksiniz. İlk harfi detaylıca anlattığım için geri kalanındaki öncelikleri dikkatlice okuyun lütfen. Âlemler ve felekler iç içe unutmayın... Onun için kendinizi programlamaya geçtiğiniz vakitlerin hangi feleğin çemberinden, döngüsünden geçtiğinin farkında olun... En önemli felek Atlas... En önemli frekans Alfa... Atlas feleğin Elif'i olursan birlikte cem olacak ve madde âlem üzerinde olması gerekeni olması gerektiği gibi yaşayacaksın. Kısacası hayallerinin, arzularının kapısının anahtarını eline al ve Allah'tan başka hiçbir insana ya da herhangi bir olaya başını eğmeden kendini kendi hakikatinle eşleştirip hay... Tezahürün gerçek manasının içindeki nokta ol.

Elif – Alfa

ا

"Ey Elif'in Zatı! Sen münezzehsin!
Acaba senin için âlemler içinde bir varlık, bir mahal var mı?
O dedi ki: Hayır! İltifatımdan başka bir şeyim yok!
Çünkü ben ebedileştirme harfiyim, 'ezel'i içeririm.
Aynı zamanda ben zayıf seçkin bir kulum
Ben, sultanı aziz ve celil olanım."

Elif, hakikatlerden bir koku koklayan kimse nezdinde harflerden herhangi bir harf değildir, fakat genel olarak insanlar onu harf diye isimlendirmişlerdir. Eğer hakikat ehli (muhakkik), o da bir harftir, derse, o bunu cümle içerisinde, o harfin de yer alması açısından öyle söyler. Elifin makamı "cem" makamıdır. Elifin isimleri vardır. Onun ismi Allah'tır. Elifin sıfatları vardır; onun sıfatı, "kayyumiyyet"tir. Elifin fiil isimleri de vardır: el-Mübdi, el-Bais, el-Vasi, el-Hafız, el-Halık, el-Bari, el-Musavvir, el-Vehhab, er-Rezzak, el-Fettah, el-Basit, el-Muizz, el-Muid, er-Rafi, el-Muhyi, el-Vali, el-Cami, el-Mugni, en-Nafi. Elifin zat isimleri de vardır. Allah, er-Rab, ez-Zahir, el-Vahid, el-Evvel, el-Ahir, es-Samed, el-Gani, er-Rakib, el-Mübin, el-Hak.

Elif harfinin lafzi harfleri, Hemze, Um ve Fa'dır. Aynı şekilde onun basit harfleri de vardır: Zatı, Mim, He, Fa, Lam ve Hemze. Bütün mertebelerin hepsi ona aittir. Onun zuhuru, altıncı mertebededir. Onun sultanının zuhuru bitkilerdedir. Bu mertebede onun kardeşleri He ve Lam'dır. Harfler âleminin toplamı ve bütün mertebeleri ona aittir. O, onlarda değildir, fakat onların dışında da değildir, şöyle ki: O hem dairenin merkezidir hem de çemberidir, hem âlemlerin terkibidir hem de âlemlerin çözümüdür.

Makamı Cem

Cem, dağınık bir halde bulunan ilgi ve dikkati tek noktada toplamak olduğuna göre dikkat ve ilgisini Allah'ta yoğunlaştıran sufi zikrederken yalnız "Allah" der, başka hiçbir şey söylemez ve görmez. İlgi ve dikkatini Hakk'ın dışındaki varlıklara yönelten ise yaratıklardan başka bir şey görmez.

Menâzilü's-sâ'irîn adlı eserinde tasavvufi makam ve halleri 100 "menzil"de toplayan Hâce Abdullah-ı Herevî, bunlardan doksan dokuzuncusunun cem, yüzüncüsünün de tevhit olduğunu belirtmiş ve cemi üç mertebede incelemiştir:

1. Cem'u'l-ilm. Salikin bütün dikkat ve bilgilerini tek noktada toplayarak ledünni bilgi içinde yok olmasıdır. Bu mertebede salik Hakk'ın varlığına delil aramaz hale gelir; çünkü bütün kaygısını teke indirmiştir. "Kaygılarını teke indirenin diğer kaygılarına Allah kefil olur" (İbn Mâce, *Mukaddime*, 23) mealindeki hadis mutasavvıflara göre cem'u'l-ilme işarettir.

2. Cem'u'l-vücut. Salikin kendi maddi ve fani varlığından sıyrılarak Hakk'ın varlığına ermesidir.

3. Cem'u'l-ayn (aynü'l-cem). Kulun Hakk'ın zatında fani olarak iki ayrı vücut görmekten kurtulmasıdır. Bu anlamıyla cem salikin fenasıdır. Çünkü salikin büsbütün vücut kaydından kurtulması mümkün değildir. Fena yoluyla vücut ortadan kalkmadan vuslat hasıl olur ve cem gerçekleşir. Sufilere göre gerçek tevhit budur. Onlar, Hz. Musa'nın dağa tecelli eden Hakk'ın nurunu görmesini (bkz. el-Araf 7/143) cemin bu çeşidine örnek verirler. Bazıları buna "Ene-l Hak makamı" da derler.

Cem halini kavrayan tevhidin hakikatine erer. Çünkü fark ayırır, cem birleştirir, tevhide götürür. Cem huzur halinden gayret haline geçme, kendini ilahi tasarruf altında görmedir. Kulun Allah'a amellerle ulaşması fark, Allah'a yine Allah ile ulaşması cemdir. Bir başka tarife göre cem olağanüstü fiiller, fark da olağan fiillerdir. Buna göre mucize ve kerametler cem, yaratıkların normal fiilleri farktır. Yaratıkların fiillerini yaratana izafe etmekle yaratanın fiillerini yaratıklara nispet etmek arasında fark vardır. Biri Hakk'ı tazim edip halkı ve kendini küçük görmektir, diğeri ise varlık ve büyüklük iddiasıdır. Bir kimseden insanların fiillerine benzemeyen olağanüstü bir fiil ve hal zuhur edince onun faili mutlaka Allah'tır. Ateşe atılan Hz. İbrahim'in yanmaması, kuyuya atılan Hz. Yusuf'un kurtulması gibi. Nitekim Cenabı Hak, Hz. Peygamber'in cem halindeki fiillerini kendisine nispet etmiş ve "Attığın zaman sen atmadın, Allah attı" (el-Enfal 8/17) buyurmuştur. Bir hadis-i kutside, kulluğun tadına vararak ibadet eden kimselerin fiillerinin Cenabı Hakk'a izafe edilmesine bakılırsa (bkz. Buhari, *Rikak*, 38), Allah'ın sevgisine mazhar olan kulun bu fiillerin kâsibi olmaktan bile çıktığı ve bunların Hakk'ın fiilleri haline gelmesiyle cemin gerçekleştiği anlaşılır.

İbni Arabi, "Cem halkı görmeksizin Hakk'a işarettir" diyerek ahadiyyetin cem ile beraber bulunduğunu ifade eder. Ona göre ahad ancak cem ile, cem de ahad ile olur. Nitekim, "Nerede bulunursanız Allah sizinle beraberdir" (el-Bakara 2/115) mealindeki ayette ifade edilen beraberlik cemdir. Âlemin varlığına rağmen Hak ile beraberlik devam ettiği sürece cemin hükmü de devam eder.

Cem ile fark, ışık ile karanlığın birbirini takip etmesi gibi daima birbirini izler; cem ortaya çıkınca fark kaybolur; fark zahir olunca cem zail olur. Birinin varlığı diğerinin yokluğudur. Salik için her ikisi de zaruridir. Çünkü fark olmayınca kulluk, cem olmayınca da Hakk'ı tanıma (marifet) gerçekleşmez. Bundan dolayı Fatiha Suresi'ndeki, "Ancak sana kulluk ederiz" ifadesi farka, "Ancak senden yardım dileriz" ifadesi de ceme işaret sayılır. Tasavvufta cem ve farkın birlikte bulunması hali gerçek tevhit şeklinde yorumlanmıştır. Nitekim Aziz Mahmut Hüdayi, *Necâtü'l-garîk fi'l-cem' ve't-tefrîk* adlı manzum risalesindeki bir beyitte bunu şöyle ifade etmiştir: "*Şunun kim cemi yok irfanı yoktur/ Şunun kim farkı yok ilhadı çoktur.*"

Cem'in en üst derecesi olan cem'u'l-cem, bütün varlık ve yaratıkları Hak ile görerek birinin varlığı diğerine engel olmadan kesrette vahdeti, vahdette kesreti müşahede etmektir. Kulun "bekabillah" vasfını kazanması sekrden sonraki sahv, cemden sonraki ikinci fark halidir. Salik, cem'u'l-cem halinde her şeyi hakikati üzere Hak ile kaim görerek her hak sahibine hakkını verir. Cem'u'l-cem, cem ile farkın aynı anda bulunmasıdır. Bu hale sahip olan kişi eşyaya cem nazarıyla baktığında da gözünden fark hali büsbütün zail olmaz; fark nazarıyla baktığında da eşyayı Hak ile kaim gördüğü için cem hali yok olmaz. Bu şekilde ubudiyyet ile rububiyyet arasındaki farkları görerek tevhidin gerçeğine erer. Cem halinde ise salik masivadan bütünüyle fani olarak ahadiyyet mertebesine ermekte, Hakk'ın dışındaki eşya ile ilgili hislerini tamamen kaybetmekte (sekr), kendini Hakk'ın tasarrufunda kabul etmekte, fakat kulluk görevlerini ifa için de sahv haline dönmesi gerekmektedir. Bu sebeple cemden sonraki bir hal olan ve cem ile farkı birleştiren cem'u'l-cem'e "sahv-ı sanî" de denilir.

Elif'in Feleği – Felekler Feleği (Felekü'l-Eflak) Çarh-ı Atlas

Atlas Feleği. Batlamyos sisteminden çıkarılan bir düşünceye göre kâinatın merkezi konumundaki dünyayı bir soğan zarı gibi iç içe geçmiş bir şekilde dokuz felek çevrelemektedir. Dünya göğünden başlamak üzere bu feleklerden yedi tanesi yedi gezegenin feleğidir. Birinci felekte Ay olmak üzere sırasıyla Utarit, Zühre, Şems, Merih, Müşteri, Zühal gezegenleri bulunur. Sekizinci felek sabit yıldızlar ve burçlar feleğidir. Dokuzuncusu da cisimden arınmış olan ve bütün felekleri saran en büyük, en yüksek felektir. Bu feleğe felek-i atlas, felek-i azam, felekü'l-eflak adları verilmektedir. Atlas feleğinin merkezi âlemin merkezi, kutbu âlemin kutbudur. Birbirine paralel iki küresel yüzey arasında yıldız ve gezegenlerden arınmış olduğu için Atlas feleği adı verilmiştir. Bütün cisimleri çevrelemiş olduğundan cisimler âlemi kendisinde son bulup gerçek yükseklik ve yönlerin sonu olmuştur. Göklerin ötesinde boşluk veya doluluk olmadığı için Atlas feleğinin dışbükey yüzeyi bir şeye temas etmez. Billur gibi saf ve basit (birleşik olmayan) cisimdir. Atlas feleği âlemin merkezi etrafında doğudan batıya doğru hızlı bir hareketle içindeki bütün felekleri, ateş küresi ve hava küresinin bir bölümünü döndürüp yirmi dört saatte bir dönmesini tamamlar. *Vahdetname*'de atlas feleğinin dönüşü ilahi kudrete duyulan hayranlığa bağlanmış, bu felekte yıldız bulunmadığı dile getirilmiştir.

Elif, Âlemlerin Tümünü Kapsar

Gazali âlemi, ruhani ve cismani olmak üzere iki kısma ayırır. Bu iki âleme, hissi ve akli, ulvi ve süfli âlem ismi de verilebilir der. Bu isimler birbirine yakın manalardır, sadece ifadeler farklıdır. Eğer âlem, hakikatleri bakımından ele alınırsa "cismani ve ruhani" âlemler denilir. İdrak eden göz bakımından ele alınırsa "hissi ve akli" âlemler denilir. Birinin diğerine bağlılığı bakımından ele alınırsa "ulvi ve süfli" âlemler denilir.

Ceberut âlemi mülk ile melekût âlemleri arasında veya melekût âleminin üstünde zaruretin hüküm sürdüğü âlem; Allah'ın zatı, azamet ve celal sıfatı.

Melekût âlemi gaip âlemidir. Çünkü o çoğundan gaiptir. Hissi âlem de şahadet âlemidir. Çünkü hepsi onu görür. Hissi âlem, akli âleme giden bir merdivendir. Eğer aralarında bir bağ ve münasebet bulunmasaydı, o âleme yükselme imkânı bulamazdık. Bu mümkün olmasaydı, Allah'a yakınlığa yolculuk da imkânsız olurdu.

Âlem-i şahadet, âlem-i melekûtun basamağıdır. Sırat-ı müstakime sülük, bu yükselişten ibarettir. Bu durum "din" ve "hidayet menzilleri" olarak ifade edilmiştir. Bu iki âlem arasında bir münasebet ve irtibat olmasaydı, birinden diğerine yükseliş düşünülemezdi. İlahi rahmet, âlem-i şehadeti âlem-i melekûtu dengelemek için yaratmıştır. Bize düşen akıl etmektir.

Melekût âlemi, şahadet âlemini hareket ettirir ve Allah'ın bir hikmeti olarak O'nun kendi hâkimiyeti altındadır. Bunun böyle olması kendisinin buna müstahak olmasından değildir. Şahadet âleminden hiçbir durgunluk, yeme, içme, kelam ya da susma meydana gelmez. Bunlar ancak gaip âleminden sadır olur...

Bize göre şahadet âlemi âdet olarak his ile (duyu organlarımızla) idrak ettiğimiz her şeydir. Gaip âlemi ise âdet olarak hisse zahir olmayan (duyularla algılanamayan) şeyde bizim şeri bir haber ve fikri bir nazarla idrak ettiğimiz şeydir. Arınmışlığın önemi artıyor burada tam manasıyla...

Deriz ki şahadet âlemi nasıl gözün görmesi yoluyla idrak olunursa, gaip âlemi de basiret gözüyle idrak olunur. Nitekim göz, önünden karanlık perdeler gibi engeller kalkmadıkça idrak edemez. Şimdi engeller kalkıp da hissedilebilenler (duyularla algılanabilen varlıklar) üzerine nurlar yayılınca göz tüm görülebilenleri idrak eder. Gözün idraki, kendi nuruna, güneşin veya kandilin ve benzerlerinin ışığına bağlıdır. Basiret gözü de böyledir. Bunun gibi basiret gözünün perdesi, hırslar, şehvetler, Allah'tan başka şeyleri düşünme (dikkate alma, hesaba katma) ve benzeri şeylerdir. Bunlardan dolayı onunla melekût, yani gaip âleminin arasına bir perde girer.

İnsan, kalp aynasına yöneldiği ve onu riyazat ve mücahedat türleriyle cilaladığı zaman ondan bütün perdeler zail olur. Onun nuruyla gaip âlemine açılan nur birleşir. Böylece ehli melekût peyderpey görünmeye başlar. Bu, hisler (duyular) dünyasındaki güneş gibidir. Bunun yanında basiret gözünün nuru temyiz (ayırt etme) nuruyla birleşir ve ardından gaip bilgileri olduğu gibi açılır.

Misal âlemi; zatın, parçalanma ve bölünme kabul etmeyen şekiller ile hariçte zuhurudur. Bu âleme misal denilmesinden maksat; ruhlar âleminde bulunan her bir ferdin, cisimler âleminde bürüneceği bir şeklin benzerinin bu âlemde zahir olmasından ötürüdür. Âlem-i berzah da derler. Bu âlem, gaip ve şahadet arasını ayıran bir sınırdır.

Sufiler, "misal âlemi"ni cisim âlemi ile ruhlar âlemi arasında bir âlem olarak kabul etmişlerdir. Onlar bu âlemin cisim âleminden ince, ruhlar âleminden ise daha yoğun olduğunu, buna göre ruhların bedenleştiğini ve misal âleminde çeşitli suretlerde zuhur ettiğini söylemişler ve bu konuda "O (Cebrail), ona (Meryem'e) tam bir insan gibi göründü" (Meryem, 17) ayetini göz önüne almışlardır.

Ecsad âlemi: Yerler, dağlar, gökler gibi, ölçülebilen ve tartılabilen madde âlemi. Buna âlem-i halk, âlem-i şahadet ve âlem-i mülk de denir.

Şimdi gelelim fark etmeni istediğim en önemli yere.

Ne dedik: *Atlas Feleği. Batlamyos sisteminden çıkarılan bir düşünceye göre kâinatın merkezi konumundaki dünyayı bir soğan zarı gibi iç içe geçmiş bir şekilde dokuz felek çevrelemektedir.* Hakikatin ışığında dokuz feleğin iç içe olduğu yerde sen de âlemlerin içinde iç içesin. Beyin dalgalarını, ürettiğin düşünce frekansını ve girdiğin âlemi fark etmek sana yine hazinenin kapılarını aralayacak. Konuyu bilinçaltındaki hazinenin içine girmeye çalıştığın ve yaptığın farkındalık, dönüştürme ve kendini yeniden inşa etme çalışmalarına taşırsak hayatına alman gereken en önemli ilk frekans ağı *alfa* olacaktır. Theta-Teta frekansı iyonosferle aynı dalga boyunda olduğu için Zen hali yani zihinsel yok oluşla tezahürlerde etkin çalışan bir frekanstır. Neyi kodlarsan o gerçekleşir, pek tabii ki eylemlerin de olursa. Dikkatini vermeni istediğim en önemli yer ise yüce yaratan Allah bir harfin içerisine dahi tüm âlemleri gizlemiş. Bir damla kanının içerisindeki âlemleri anlama yoluna çıksan derya deniz...

İlerleyen sayfalarda diğer beyin dalgalarının hangi harflere karşılık hangi âlemlere gizlendiğini okuyacaksın. Beyin dalgalarının bilimsel verilerle nasıl etkileşim yarattığını da okuduğunda zihin alanın daha da aydınlık hale bürünecek. Çoğu âlem, harf ve frekans Ay gezegeniyle bağlantılı, dolayısıyla ruhunun bağlantı uydusu Ay... Ruhunla bağlandığında hakikatine uyanan sen olacaksın. Tüm bunların neticesinde *iyi olacaksın.*

Alfa (7,5-14 Hz) – Derin Gevşeme Dalgası

Alfa beyin dalgaları, derin bir rahatlamada ve genellikle gözler kapalı olduğunda, güzel bir hayal kurarken ya da hafif meditasyon yaparken kayıyor. Zihni başarı için programlamak için ideal bir zaman ve aynı zamanda hayal gücünüzü, görselleştirmeyi, hafızayı, öğrenmeyi ve konsantrasyonunuzu artırır. Bilinçaltı zihninizin kapısıdır ve bilinçli farkındalığınızın temelinde yatmaktadır.

Alfa'nın sesi, sezgiye, 7,5 Hz'ye yaklaştıkça daha net ve daha derin hale gelir.

Peki ya bütünü görmeye niyet edersen ne olur?

Elif olursun, cem olursun, tevhit olursun...

Ba – Beta

Ba harfi el-arif bil/ah Şibli için muteber bir harftir.
Ba harfinin küçücük noktasında kalp için bir hatırlama vesilesi vardır.
Yüksek kulluğun (ubudiyyet) ona katışır.
İşte bunun için Hakk'ın yoluna yaklaştı; öyleyse bundan iyi ibret al.
Onun hakikati "Bismi" ifadesinde hazf edilmemiş midir?
Çünkü o ondan bir bedeldir; bu bir kurtuluştur.

Ey yüce dost! Bil ki Ba harfi, mülk, şahadet âlemindendir. Mahreci; iki dudaktan çıkar. Sayısal değeri ikidir. Basit harfleri şunlardır: Elif, Hemze, Lam, Fa, Mim ve Za. Feleği birinci felektir. Bu feleğin hareketi daha önce zikredilmiştir. Havassın hasında ve hülasanın hasının varlığında temeyyüz eder. Yolun başı ve sonu ona aittir. Mertebesi, yedinci mertebedir. Sultanının gücü cansızlarda tezahür eder. Tabiatı sıcaklık ve kuruluktur. Unsuru ateştir. Tabiatını teşkil eden şeyler ondan var edilirler. Hareketi kaynaşmıştır (mümtezice). Onun hakikatleri, makamları ve münazeleleri vardır; halistir, kâmildir; dördüdür (murabba); munistir. Zatı vardır. Harfleri vardır: Elif ve Hemze. Ve daha önce geçtiği gibi isimleri vardır. Bütün varlıklara eşlik eden Ba harfi, cem ve vücut (vahidiyet mertebesi) mertebesindeki

Hakk'ın mertebesindendir. Yani her şey Ba harfi vasıtasıyla var olmuş ve ortaya çıkmıştır. Ba'nın noktası, var olanları gösterir. Böylece Ba harfinde üç tür meydana gelmiştir. Ba'nın şekli, nokta ve hareke. Âlemler ise üçtür. *Bunlar Ba'nın şeklinin gösterdiği melekût âlemi, noktasının gösterdiği ceberut âlemi ve harekesinin gösterdiği şahadet ve mülk âlemidir.*

Beta (14-40 Hz) – Uyanık Bilinç ve Akıl Yürütme Dalgası

Beta beyin dalgaları normal uyanıklık bilinciyle ve uyanıklık, mantık ve kritik akıl yürütme ile ilişkilidir.

Beta beyin dalgaları gün boyunca etkili bir işleyiş için önemliyken, aynı zamanda stres, endişe ve huzursuzluğa da dönüşebilirler.

Beta'nın sesi, menzile girdiğinizde daha yüksek sesler çıkaran küçük iç eleştirmen olarak tanımlanabilir. Bu nedenle, yetişkinlerin çoğunluğu Beta'da çalışır; stresin günümüzün en yaygın sağlık problemi olması biraz sürpriz.

Cim – Gama

Cim harfi O'na, (Allah'a) kavuşmak isteyeni yüceltir.
İyileri (el-ebrar) ve seçilmişleri (el-muhtar) müşahede etsin diye.
Evet o ufacık bir kuldur bir köledir, ancak o tercih (isar) hakikatiyle hakikati arayandır.
Kendi gayesiyle gözünü dikmiş bakıyor mabuduna.
Ve kendi başlangıcıyla yürüyor izler (asar) üzerinde.
O bilinen üç hakikatten biridir.
Ve onun mizacı soğuktur ve ateş alazıdır.

Ey dost! Allah bizi de seni de güçlü kılsın! Bil ki Cim harfi şahadet ve ceberut âlemindendir. Onun mahreci, dilin ortasının üst damağa vurmasıyladır; dilin ortasıyla, ağız içinin üst kısmı arasıdır. Onun sayısal değeri üçtür. Basit harfleri şunlardır: Ya, Mim, Elif ve Hemze. Feleği ikinci felektir. Feleğinin hareketinin devir süresi, on bir bin senedir. Genel (harfler) içinde temeyyüz eder. Yolun yarısı ana aittir. Onun mertebesi, dördüncü mertebedir. Onun sultanının zuhuru cinlerdedir. Onun cismi kuru ve soğuktur. Onun başı kuru ve sıcaktır. Onun tabiatı, soğukluk, sıcaklık ve koruluktur. Onun en büyük unsuru topraktır. En küçük unsuru ise, ateştir. Tabiatını şekillendiren şeyler ondan yaratılırlar. Onun hareketi eğridir.

Cim harfinin hakikatleri, makamları ve münazeleleri vardır. O kaynaşmıştır (mümtezice). Kâmildir. Nurlar ehli ve sırlar ehli nezdinde ona ulaşan kimse yükselir. Ancak Kufeli dilbilimciler (el-Kufiyyun) nezdinde öyle değildir. O üçlüdür (müselles); munistir. Onun alameti, ferdaniyettir. Onun harfleri vardır: Ya ve Mim. Daha önce geçtiği gibi de isimleri vardır.

Gama (40 Hz Üzeri) – Insight Wave

Bu aralık en yeni keşfedilen ve 40 Hz'nin üstünde en hızlı frekanstır. Bu akıl durumu hakkında çok az şey bilinmesine rağmen, ilk araştırmalar Gamma dalgalarının içgörü patlamaları ve üst düzey bilgi işlemleriyle ilişkili olduğunu göstermektedir.

Dal – Delta

Dal harfi kevn âlemindendir.

Merkezden (Kiyan) intikal eden ne bir varlığı (Ayn) vardır ne bir eseri onun.

Onun hakikatleri her göz sahibinin göremeyeceği kadar yücedir.

Allah beşerin kavrayamayacağı kadar yücedir, fesüphanallah!

Onda süreklilik vardır; Hakk'ın cömertliği onun menzilidir.

Fatiha'nın ayetleri ondadır; diğer ayetler ve sureler de ondadır.

Ey dost Allah bizi isimleriyle güçlendirsin! Bil ki Dal harfi *mülk ve ceberut âlemindendir*. Onun mahreci Tı harfinin mahrecidir. Sayısal değeri dörttür. Basit harfleri Elif, Um, Hemze, Fa ve Mim'dir. Feleği birinci felektir. Bu feleğin hareketinin devir senesi on iki bin senedir. Yolun sonu, gaye ona aittir. Onun mertebesi beşinci mertebedir Onun sultanının gücü, hayvanlarda belirir. Tabiatı soğukluk ve kuruluktur. Unsuru topraktır. Tabiatını teşkil eden şeyler ondan var edilirler. Onun hareketi nur ehli ile sır ehli nezdinde kaynaşmıştır (mümtezice). Araf ona aittir. O halistir, nakıstır, mukaddestir, ikilidir (müsennadır), munistir. Onun harfleri Elif ve Lam'dır. Daha önce geçtiği gibi onun isimleri vardır.

Delta (0,5-4 Hz) – Derin Uyku Dalgası

Delta frekansı frekansların en yavaşıdır ve derin, rüyasız uykuda ve farkındalığın tamamen kesildiği çok derin, transandantal meditasyonda yaşanır.

Delta, bilinçaltı zihninizin alanıdır ve elde edilen bilginin bilinçli düzeyde başka türlü elde edilemediği evrensel zihin ve kolektif bilinçdışının kapısıdır.

Pek çok şey arasında derin uyku iyileşme süreci için önemlidir – derin iyileşme ve yenilenme ile bağlantılı olduğu için. Bu nedenle, yeterli derin uykuya sahip olmamanız sağlığınıza zararlı bir şekilde zarar verir.

Te – Theta

Te harfi bazen ortaya çıkar bazen gizlenir.
Kavmin varoluşunda onun payı "telvin"dir.
Zatı ve vasıfları kaplar onun hazreti.
Fiil yönünden onun sahip olduğu şey "temkin"dir.
Ortaya çıkıyor ve kendi sırlarından şaşırtıcı şeyler izhar ediyor.
Onun mülkü, Levh-i Mahfuz'dur, kalemlerdir ve Nun'dur.
Onun zatında Leyi, Şems, Âlâ ve Tarık sureleri vardır.
Duha, İnşirah ve Tin sureleri vardır.

Ey veli dost! Bil ki Te harfi gaip ve ceberut âlemindendir. Onun mahreci, Dal ve Tı harflerinin mahrecidir. Sayısal değeri; Küçük ebcet (Cümelü's-Sagir) hesabında dörttür; büyük ebcet (Cümelü'l-Kebir) hesabında ise, dört yüzdür. Onun basit harfleri, Elif, Hemze, Lam, Fa, He, Mim ve Za'dır. Feleği birinci felektir. Feleğinin devir süresi daha önce zikredilmiştir. Bu harf havassü'l-havasta temeyyüz eder. Mertebesi yedinci mertebedir. Onun sultanının gücü cansızlarda belirir. Tabiatı soğukluk ve kuruluktur. Unsuru topraktır. Tabiatını teşkil eden şeyler ondan yaratılırlar. Onun hareketi kaynaşmıştır (mümtezice). Huyları, halleri ve kerametleri vardır. Halistir, kâmildir, dördüdür (rubai), munistir. Onun zatı ve sıfatları vardır. Onun harfleri Elif ve Hemze'dir ve daha önce geçtiği gibi isimleri vardır.

Theta (4-7,5 Hz) – Uyku Dalgası

Theta beyin dalgaları derin meditasyon ve tüm önemli rem rüya durumu da dahil olmak üzere, hafif uyku sırasında mevcuttur. Bu sizin bilinçaltınızın âlemidir ve sadece Alpha'dan uyuyarak derin uykudan (Delta'dan) uyandığınızda anlık olarak yaşanır.

Evrendeki derin ruhsal bağlantı ve birlik duygusunun Theta'da yaşanabileceği söylenir.

Zihninizin en derin programları Theta'dadır ve canlı görselleştirmeler, harika bir ilham, derin yaratıcılık ve istisnai bir anlayışa sahip olduğunuz yerdir. Diğer beyin dalgalarından farklı olarak, Theta'nın zor sesi, sessiz bir sestir.

Görselleştirme, zihni programlama ve zihninizin yaratıcı gücünü kullanmanın en uygun aralığının başladığı 7 Hz'den 8 Hz'ye kadar Alpha-Theta sınırında. Gerçekliğinizi bilinçli olarak oluşturduğunuz zihinsel durumdur. Bu sıklıkta, çevrenizde bilinciniz var ancak vücudunuz derin bir rahatlama içinde.

Altüst Olmuş Hayatlar

"Olayların senin istediğin gibi gelişmesini isteme, bırak oldukları gibi gerçekleşsinler, o zaman hayatının daha iyi olacağını göreceksin."

– Epiktetos

Biliyor musunuz? Bütün mutsuzluğumuzun nedeni yaşadığımız hayattan daha değişik, daha farklı bir hayat özlemi içinde olmamızdır. Hal böyle olunca hayat denen kavram ilerledikçe yaşamak bizim için bir yabancılaşmadır. Stoacılığın üstatlarından biri olan Epiktetos *düşüncelerimizi altüst etmemiz ve her şeyi olduğu gibi kabul etmemiz gerektiğini* ileri sürer. Çünkü olayların gidişatı bizim elimizde olmasa da bunları yorumlamak bizim elimizdedir. Mevzubahis olan bizi üzen olaylar değil, bu olayları yorumlama biçimimizdir. İnsan hakikate en derin gerçeğe bir yığın değer, korku, tutku, arzu yükler; bunlar anlamlı gibi görünse de bomboştur sıkıntı verir. Beklenti içine hayallerle gireriz, genelleriz ve abartırız çünkü tutkularımızı – hırs, korku, utanç, nefret, kıskançlık, acıma ya da öfke– bunlara yansıtırız, halbuki yapmamız gereken bunları sağlıklı ve doğru değerlendirmeler aracılığıyla düşüncelerimizi hayata geçirme fırsatı olarak görmektir. Mutsuzluğumuzun, kaderselciliğimizin, umutsuzluğumuzun nedeni sadece bizizdir. Dolayısıyla her şeyin suçlusu biz oluruz; "sinsi bir düşman gibi" kendimizi gözleriz. Kendimizin ezeli düşmanı. Ortada bir sistem var. Tekâmül sistemi ve programı. Dolayısıyla bazı yerleri değiştirmek pek mümkün olmayabilir yani negatif süreçler... Bunlar ana kader planı içerisinde mevcuttur ve sen bundan en doğru halinle çıkmalısındır. Buradaki acı çekme, üzülme, debelenme bir evrime tanık olacağı için Stoacılık bunları bir lütuf olarak görür. Felsefenin, bu düzenin gerekliliğine ve doğasına, zevk peşinde koşmaksızın, uyum sağlamayı öğretmesi gerekir.

Stoacıları kahramanlığı eylem ilkesi haline getirdikleri, istemek ve yapmak arasında bir ayrım yapma gerekliliğini görmedikleri için kınayabiliriz, ancak zorluk bahanesiyle, kurtuluşun her zaman, yukarıdan, tanrısal bir varlığın iradesiyle mümkün olabileceğini söyleyen bir ahlakı reddetmek mümkün değildir.

Aslında bu tamamen neye nereden baktığımızla alakalı bir durum. Öylesine öğretilmiş ki bize kurban bilinci hemen hemen her yerde yaşadığımız olayda en derin üzüntülere kapılıp hayatımızı zindan adasına çevirebiliyoruz. İlişkilerimiz, arkadaşlıklarımız, dostluklarımız, iş yaşamımız, ev yaşamımız, çocuklarımız, ailemiz, sosyal ilişkilerimiz aklınıza gelen tüm ilişkilerimizde karşımıza çıkıyor bu durum.

Bizler kendi yaptığımız eylemlerin sonuçlarını yaşarken kurban bilincimiz bize "*Bak gördün mü her şey tepetaklak oldu, altüst oldu, çık çıkabilirsen bu durumdan, hiç gücüm kalmadı, dayanamıyorum artık*" dedirtiyor. Halbuki yaşam denen bu döngü tümünü kapsıyor. Her şeyin tümevarımına giderken bizler eksiklerimizi görmezsek hayatımızın lideri olamayacak ve her zaman ezik büzük bir yaşamı yaşamaya devam edeceğiz. Seçim senin dediğim her yerde tüm olumsuzluklarla yüzleşmeli insan... Vardığın kapının bilincinde olup alan güzellemesini kendi kendine yapabilmeli. Birileri gelecek ve gidecek. Bugüne kadar edindiğim tecrübeleri bir cümlede nasıl toplardım sizce?

Varlığı ile sana huzur, mutluluk vermeyen yokluğu ile acı çektiremez.

Onun için olacak olan olacak. Her şey bizim elimizde şekilleniyor. Altüst olsan da parçalansan da yeniden ayağa kalkmalı, yolunu en güzel, en ahenkli, en uyumlu, en düzenli halinle yürümelisin...

John C. Maxwell'in bu tespiti öyle ilham ve güç verici ki:

"Bir insan, hatalarını kabul edecek kadar büyük, onlardan fayda sağlayacak kadar akıllı ve onları düzeltecek kadar güçlü olmalıdır."

Bakmak ve Görmek

"Aynamız kırık, gönül gözümüz kör olmasın."

– Sibel Uzun

Spiritüalist yaklaşıma göre ayna (yansıma) kanunu evrensel bir kanundur. Bir kişiye karşı duyduğumuz duygunun veyahut olumsuz düşüncelerin bu kişide olmadığını, aslında kendi özümüzde olduğunu bize söyler. Yani karanlık tarafımızla yüzleşmemiz ve değişimimiz için bize fırsat tanır. Yukarısı nasılsa, aşağısı da aynıdır. Kalbinizdeki duygu, his neyse yansıtacağınız bundan öte değildir. Ayna kanunu, dünya üzerinde bize sunulmuş olan, en önemli derslerden biridir. Şayet; karşılaştığımız durumla alakalı öfkeleniyorsak, sorunun asıl kaynağını karşımızdaki kişide değil, ilk olarak kendimizde aramalıyız. Evren, bize sürekli bununla alakalı mesajlar göndermeye devam eder durur. Amaç tektir, hakikate erişmek ve özümüzle buluşmak. Evrene kulak vermek, etrafımızdaki tüm olumsuz duygularımızı fark etmekten ve kendimize dönmekten vazgeçmeyelim, korkmayalım. Her gün karanlık tarafımız bize ayna kanunuyla ışık tutar. Bizler egomuza o kadar yenik düşmüşüzdür ki o karanlığın içindeki ışığı görmemek için direnç gösteririz...

Tasavvuf; bedeni, fiziki varlığı yok farz edip, ruhu ve gönlü esas alan bir düşünüş ve yaşayış şeklidir. Âlemin özü ve âlemlerin gözünün bebeği olan "âdem" aynı zamanda gönüldür, ruhtur, candır. Tasavvufi eserlerde ayna, ilahi nuru yansıtabilen bir nesne olarak sıkça başvurulan bir semboldür. Tasavvufa göre, saf kalp Allah'ın bir aynasıdır. Kalpleri kötü davranış ve düşüncelerinden tam anlamıyla arınmış ve kemale ermiş olanlardır. Ayna sembolü, tasavvuf ile diğer dini ve mistik öğretilerin literatüründe oldukça yaygındır. Tasavvufta ayna, sevgilinin göründüğü, kendini gösterdiği yerdir. Bakan ile bakılanın, gören ile görülenin birliği manasına gelir. Bütün âlem, âlemdeki eşyanın, yaratılmışın her biri, insan, insan-ı kâmil, mümin, insanın gönlü, kalbi Allah-ü Teâlâ'nın mazharıdır, göründüğü yerdir yani aynadır. Birliğin mekânı kalp ve gönüldür.

Her iki manadan bakarken aklımdan, kalbime akanlar ise şöyle: Evrenin matematiğine zaten hayranım ve her geçen gün bu hayranlığım artmaya da devam ediyor. Hangi yöne dönersek dönelim, kalbimizden öte bir yol var gönül kapısına ilerleyen ve işte tam orada da hakikat var, öz var, Allah var. Biz beşer olarak; Allah'ın bize sunduğu tüm fırsatları görmeyi seçelim. Her gün yeniden başlama fırsatı veren Allah'a, her gün özümüze dönmek, nefsimizi tanımamız için fırsat veren Allah'a, yolumuza ve tekâmülümüze yardımcı olan tüm varlıklara, bu varlıkların da sonsuz olasılıkla karşımıza çıkmasına ve özgür iradeyi bize bahşeden Allah'a hamt ve şükür olsun. Karanlığın arkasından doğan güneş, daima üzerine dursun...

Hazreti Mevlana'dan Ayna ile Toprağın Hikâyesi ve peygamberimiz Hz. Muhammed'in (s.a.a) bir hadisiyle bölümü tamamlamak isterim.

Toprak, aynaya dedi ki:

"Ey ayna! İmreniyorum sana! Çünkü kim baksa sana, kendini görür; bana bakanlar ise, sadece beni görür!"

Ayna toprağa şöyle cevap verdi:

"Ey kara toprak, ne beyhude bir dert ile dertlenmişsin. Bilmez misin ki ben bana bakanların bugününü gösteririm. Oysaki sen, sana bakanların yarınından haber verirsin..."

Bu cevaptan toprak hoşlanmış olsa da tekrar aynaya sordu:

"Ey ayna! Belli ki beni rahatlatmak içindir bu sözlerin. Söyler misin bana, sana bakanlar, hiç dönüp bakar mı bana?"

Ayna toprağın bu sözleri karşısında acı bir gülümseyişle şunları söyledi ona:

"Merak etme toprak ana! Bana bakacak yüzü kalmayanların gözü, gün olup dönecektir hep sana..."

Son olarak Resulullah'ımız (s.a.v) hadisinde buyurdular:

"Dünya ahiretin tarlasıdır.
Herkes burada ne ekerse
ahirette onu biçer."

– *Keşfül Hafa*, C. 1, s. 412

Velhasıl; aynamız kırık, gönül gözümüz kör olmasın. Unutma: *İyi olacaksın...*

Evliya Öğretilerinin Altının Üstü

"Bu da geçer ya Hu!"

Yaşamın derya deniz. Sen bu denizin kıyısının kenarında oturdun ve ne yapacağını düşünüyorsan, gönlün daralmış, umutsuzluğa kapılmış, belirsizliklerle karamsarlığa düşmüş, labirent içinde çözümsüz görünen sorunlarla çıkmazda kalıp gözyaşı döküyorsan eğer bil ki: *"Bu da geçer ya Hu!"*

Dervişin biri, uzun ve yorucu bir yolculuktan sonra bir köye ulaşır. Karşısına çıkanlara kendisine yardım edecek, yemek ve yatak verecek biri olup olmadığını sorar. Köylüler kendilerinin de fakir olduklarını, evlerinin küçük olduğunu söyler ve Şakir diye birinin çiftliğini tarif edip oraya gitmesini tavsiye ederler.

Derviş yola koyulur, birkaç köylüye daha rastlar. Onların anlattıklarından Şakir'in bölgenin en zengin kişilerinden biri olduğunu anlar. Bölgedeki ikinci zengin ise Haddad adında başka bir çiftlik sahibidir.

Derviş Şakir'in çiftliğine varır. Çok iyi karşılanır, iyi misafir edilir, yer içer, dinlenir. Şakir de ailesi de hem misafirperver hem de gönlü geniş insanlardır...

Yola koyulma zamanı gelip derviş, Şakir'e teşekkür ederken, "Böyle zengin olduğun için hep şükret" der. Şakir ise şöyle cevap verir: "Hiçbir şey olduğu gibi kalmaz. Bazen görünen gerçeğin ta kendisi değildir. Bu da geçer..."

Derviş Şakir'in çiftliğinden ayrıldıktan sonra bu söz üzerine uzun uzun düşünür. Birkaç yıl sonra dervişin yolu yine aynı bölgeye düşer. Şakir'i hatırlar, bir uğramaya karar verir. Yolda rastladığı köylüler ile sohbet ederken Şakir'den söz eder. "Ha o Şakir mi?" der köylüler. "O iyice fakirleşti, şimdi Haddad'ın yanında çalışıyor."

Derviş hemen Haddad'ın çiftliğine gider, Şakir'i bulur. Eski dostu yaşlanmıştır, üzerinde eski püskü giysiler vardır. Üç yıl önceki bir sel felaketinde bütün sığırları telef olmuş, evi yıkılmıştır. Toprakları da işlenemez hale geldiği için tek çare olarak selden hiç zarar görmemiş ve biraz daha zenginleşmiş olan Haddad'ın yanında çalışmak kalmıştır. Şakir ve ailesi üç yıldır Haddad'ın hizmetkârıdır.

Şakir bu kez dervişi son derece mütevazı olan evinde misafir eder. Kıt kanaat yemeğini onunla paylaşır... Derviş vedalaşırken Şakir'e olup bitenlerden ötürü ne kadar üzgün olduğunu söyler ve Şakir'den şu cevabı alır: "Üzülme... Unutma, bu da geçer..."

Derviş gezmeye devam eder ve yedi yıl sonra yolu yine o bölgeye düşer. Şaşkınlık içinde olup biteni öğrenir. Haddad birkaç yıl önce ölmüş, ailesi olmadığı için de bütün varını yoğunu en sadık hizmetkârı ve eski dostu Şakir'e bırakmıştır. Şakir Haddad'ın konağında oturmaktadır, kocaman arazileri ve binlerce sığırı ile yine yörenin en zengin insanıdır.

Derviş eski dostunu iyi gördüğü için ne kadar sevindiğini söyler ve yine aynı cevabı alır: "Bu da geçer..."

Bir zaman sonra Derviş yine Şakir'i arar. Ona bir tepeyi işaret ederler. Tepede Şakir'in mezarı vardır ve taşında şu yazılıdır: "Bu da geçer..."

Derviş, "Ölümün nesi geçecek?" diye düşünür ve gider. Ertesi yıl Şakir'in mezarını ziyaret etmek için geri döner; ama ortada ne tepe vardır ne de mezar. Büyük bir sel gelmiş, tepeyi önüne katmış, Şakir'den geriye bir iz dahi kalmamıştır...

Osmanlı padişahları içinde en reformcu, en yenilikçi, ama en çok sıkıntıyla uğraşan Sultan II. Mahmut dağılan imparatorluğu bir arada tutmak için her şeyi yapıyordu. Ancak 31 yıllık iktidarı boyunca ne Batı'nın saldırısı durdu, ne savaşlar, ne imparatorlukta karışıklıklar bitti. Derdi deryaları aştı, sonunda ağır hastalıkla hayatını kaybetti.

Sultan Mahmut bir gün tüm vezirlerini toplayıp, bunalım günlerinde der ki: "*Bana öyle bir söz bulun ki bu dertlerin, bu acıların, bu sancıların arasında onu okuduğumda umutsuzluğum gitsin, tasam bitsin, acım dinsin. Sonra mutlu olduğumda yine onu okuyayım, rehavete kapılmayayım, dünya nimetlerine tamah etmeyeyim, saltanat makamının, tahtımın gücüyle; aslımı, insanlığımı unutmayayım. İşte bu sözü, bir yüzüğe yazdırayım, her gördüğümde, neşemde ve hüznümde bana aynı etkiyi yapsın.*"

Tüm ahali seferber olur.

Yüzük ustaları der ki: "*Bu sözü bulmak bizim haddimize değildir, bu bilgelerin, âlimlerin işidir.*"

Bilgeler der ki: "*Biz tek sözle hem umutsuzluğu, hem mutluluğun rehavetini giderecek, hem de yüzüğe yazılacak kadar kısa bir sözü bulamayız. Bu şairlerin, ediplerin işidir.*"

Şairler, edipler, güftekârlar, âlimler, şeyhler ne kadar ilimle, sanatla, kitapla, kalemle işi olanlar uğraşmışlar, yazmışlar, çizmişler, padişahın huzuruna çıkarmışlar. Lakin hiçbirini beğenmemiş Sultan Mahmut. Nice âdemoğlu uğraştıysa olmamış, bilememiş, bir yüzüğe söz yazamamış.

Bir gün İstanbul'a bir derviş gelmiş. Diyar diyar gezer, gönül erlerinin, irfan sahiplerinin, hikmet ehlinin izlerini sürermiş. Sırtındaki heybesinde bir azığı yokmuş ama gönül heybesi, yedi iklim Osmanlı'nın, Diyar-ı Rum'un, Hicaz'ın, Bilad-ı Şam'ın topraklarından topladığı irfan ile doluymuş.

Demişler ki: "Ey derviş, hoş geldin. Sultan Mahmut'un bir isteği vardır. Nice âlimler, bilgeler, şairler, edipler bulamadı bir çare. Senin heybende bir çare var mıdır buna?"

Derviş, onca yıllar, onca diyarda, onca insanda gördüğü, yaşadığı ve hikmetine nail olduğu gönül gözünü açmış, diğerini kapatmış. Ve heybesinden birikmiş tüm hikmet, bir sözle dışarı çıkmış: *"Bu da geçer ya Hu!"*

Ya Hu "Ya Allah" manasına gelir.

Duyanlar büyülenmiş. Bu sözü alıp, Şeyhul Hattatin Kazasker Mustafa İzzet Efendi'nin yanına koşmuşlar. Demişler ki: "Öyle bir yazı yaz ki ey hattat, sultanlar, vezirler, derdi olanlar, yokluk çekenler, umutsuzluğun pençesine düşenler ve varlık içinde ve illa ki gücün, kuvvetin rehavetine kapılanlar gördüğünde kendine gelsin. Yedi iklim padişahının yüzüğüne yazılsın, hiç unutulmasın."

Sultan Mahmut yüzüğü almış ve sözü okumuş: *"Bu da geçer ya Hu!"* O günden sonra, o yüzüğü hiç parmağından çıkarmamış. Derdi olduğunda, acıları arttığında, sıkıntıları çoğaldığında bunu okumuş. Zaferler kazandığında, neşesi arttığında, tahtının keyfine vardığında bunu okumuş.

Ve her daim, *"Bu da geçer ya Hu!"* diyerek kendine gelmiş.

O söz, şairlerin, ediplerin, bilgelerin, dervişlerin ve gönül ehlinin en sevdiği söz olmuş. Hattatlar bu sözü en güzel şekillerde yazmış. Müzehhebiler en güzel süslerini bunun etrafına işlemiş. Her duvara asılmış, her kulağa küpe olmuş, her gönle tesir etmiş. Bu tılsımlı sözle herkes, sanki yıllardır kayıp olan bir parçayı bulmuş gibi heyecanlanmışlar.

Hasılı benim cevherim: *"Bu da geçer ya Hu!"*

Bu dünyada haksızlık baki kalmaz. Seni üzen, kıran, değerini hiçe sayan, ruhunu, kalbini dara sokanlar, güç ve kudret sahibi olup da heybesinden zalimlik akanlar, zenginliğin, şanın, şöhretin kibrinin içinde kalakalanlar, kendini en yüksekte görüp de makamının, gücünün baş döndürücü etkisiyle kendinden geçenler bilsin ki: *"Bu da geçer ya Hu!"*

Derdin, tasanın, yoksunluğun, yalnızlığın, kırgınlığın, çaresizliğin, acının, hasretin, hayal kırıklığının, nefessiz kalışının girdabında boğuluyorsan eğer bil ki canım dostum: *"Bu da geçer ya Hu!"*

Etrafını her ne sardıysa seni umutsuz bırakacak hepsine hoş geldin diyerek başla. Umudunu hiç kaybetme, her ne yaşanıyorsa bil ki tekâmülünde rolü var.

Bir mum yak, yanan ateşin gölgesini fark et ve tüm dertlerinin gördüğün ateşin gölgesi olduğunu hiç unutma. Mum söner, gölge gider. Bugün olan derdin yarın yok olur gider. Bugün olan şanın yarın yok olur gider. Bil ki Allah her zaman seninle... Her olumsuzluğa karşı şu ayeti hatırla:

"Yâ eyyuhe-llezîne âmenû-ste'înû bi-ssabri ve-ssalât(i)(c) inna(A)llâhe me'a-ssâbirîn(e)."

"Ey iman edenler! Sabır ve namazla yardım isteyin. Şüphe yok ki Allah, sabredenlerle beraberdir."

– Bakara Suresi 153. Ayet

"Bu da geçer ya Hu!"

Ve her olumsuzluğun ardından şu sözü hatırla: "Kader, gayrete âşıktır." Ayeti kerimede diyor ya hani amelini çabana bağlı kıldık diye hep hatırında kalsın... 1000 kere de düşsen 1001. defa ayağa kalk ve yoluna koyul.

Hiç unutma: *"Bu da geçer ya Hu!"*

İyi olacaksın.

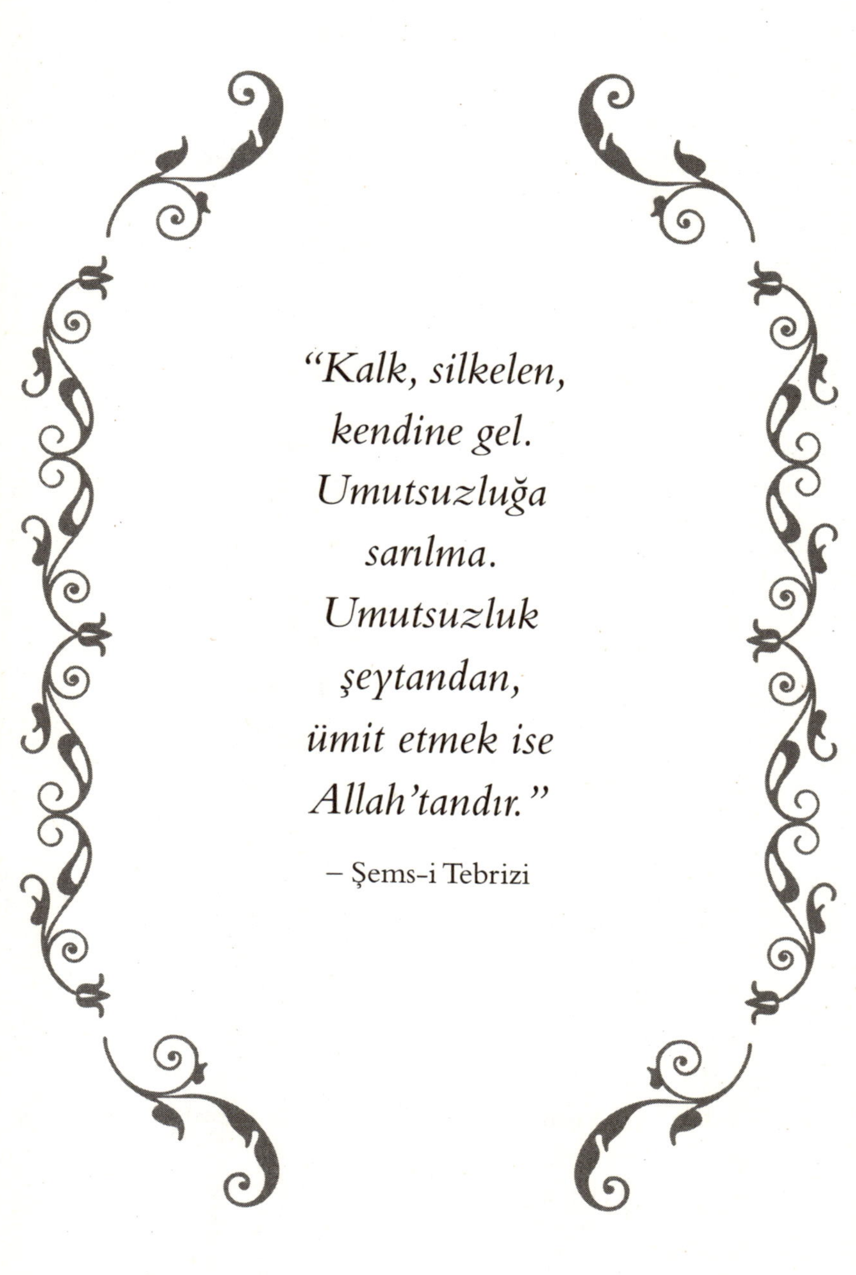

"Kalk, silkelen,
kendine gel.
Umutsuzluğa
sarılma.
Umutsuzluk
şeytandan,
ümit etmek ise
Allah'tandır."

– Şems-i Tebrizi

Tersin Tersi Düzdür

Gerçeklerden ne kadar kaçabiliriz?... Acılar, üzüntüler, kırılmalar olacak, her şey bu âlemin içinde mümkün iken bazen her şey tepetaklak olacak... Olması gereken olacak, sen en iyi versiyonuna yüksel diye olacak. Dayanamayacaksın, nefes alamayacaksın, yerinde duramayacaksın, için içine sığmayacak, haykırmak isteyeceksin, bağıracaksın, çağıracaksın, belki de tozu dumana katacaksın... İşte her şey terse döndü... Sen olduğun kişi değilsin artık. İçinden çıkan canavara hayretle bakakalacaksın. En büyük fırtına bu... Yıkacak, delecek, parçalayacak... Peki ya sonra?

Sonra ne olacak?...

Zaman girecek devreye, yaralarını görmeye, onları anlamaya başlayacaksın. Zamanla kendi kendine yaralarını sarmayı öğreneceksin ve yaşadığın tüm acılar, çıkmazlar, yok oluşlar her şey azala azala hayatından uzaklaşmaya başlayacak. Sonra sen kendini, hayatını yeniden şekillendirmeye başlayacaksın. Bilge tarafın uyanacak. O bilge sana seni gün gibi aşikâr etmeye başlayacak ve sen ta ki farkındayım dediğin zamana kadar...

Şimdi seninle çok basit bir metafor paylaşmak istiyorum. Yanında duran cep telefonunu lütfen eline al. Ekrana bak. Baktığın yer elindeki cihazın ilk yüzü yani düz olan tarafı... Şimdi telefonun saat yönünde arkasını çevir lütfen. Terse döndü... Şimdi tekrar saat yönünde ön yüzünü çevir...

Tersin, tersinin düz olduğunu kendi ellerinle yaparak, gözlerinle görerek somutlaştırdın. Tersin tersi düzdür.

Ne demişler:

"Düzenim bozulur, hayatımın altı üstüne gelir diye endişe etme. Nereden biliyorsun hayatın altının üstünden daha iyi olmayacağını?"

Yeniden başlamaya hazırsın. Her şey tam tersi gibi görünse de tersin tersi düzdür ve ilahi plan senin için çoktan hazırlanmıştır. Amelin, duyguların, nefsin, egon sana ait tüm parçaların yeniden başlamaya hazır.

Ayağa kalkmak için çoğu zaman etrafımızdan yardım bekleriz. Birilerinin el uzatması bizim için çok önemlidir. İçimizdeki tüm potansiyeli yerle bir olmaya harcadığımız için bulamayız o gücü kendimizde ve sistem otomatik olarak *"Yetersizim, değersizim, yapamam, o gücüm yok, ben başarısızım!"* demeye ve cayır cayır hissettirmeye başlar. Her zaman bilinmesi gereken önemli bir kural vardır ki yardım istemek âcizlik ya da cehennemde olduğunun göstergesi değildir. Asıl cehennem sınırlı zihninin kıvrımlarındadır ve sen o kıvrımların içinde yok oluyorsundur.

Hallac-ı Mansur der ki:

"Cehennem acı çektiğimiz yer değil acı çektiğimizi kimsenin bilmediği yerdir."

Birçok konuda detaylı iç ve dış gözlem yapmana yardımcı olacak bir hikâye paylaşmak istiyorum seninle...

Paulo Coelho'nun Kurşunkalem Hikâyesi

Çocuk, büyükbabasının mektup yazışını seyrediyordu. Birden sordu:

"Bizim başımızdan geçen bir olayı mı yazıyorsun? Benimle ilgili bir hikâye olma ihtimali var mı?"

Büyükbaba yazmayı kesti, gülümsedi ve torununa şöyle dedi:

"Doğru, senin hakkında yazıyorum. Ama kullandığım kurşunkalem yazdığım kelimelerden çok daha önemli. Umarım büyüdüğünde bu kalemi sen de seversin."

Çocuk kaleme merakla baktı ama özel bir şey göremedi.

"İyi ama bu kalem, benim hayatımda gördüğüm diğer kalemlerden hiç farklı değil ki!"

"Bu tamamen nesnelere nasıl baktığınla ilgili. Bu kalemin beş önemli özelliği var ve sen de bu özellikleri benimseyebilirsen, hep dünyayla barışık bir insan olursun.

Birinci özellik: Harika şeyler yapabilirsin, ama attığın adımları yönlendiren bir el olduğunu asla unutma. Bizim için bu el Allah'tır ve her zaman kendi kudretiyle bizi o yönlendirir.

İkinci özellik: Zaman zaman her ne yazıyorsam durmam ve kalemimin ucunu açmam gerekiyor. Bu kaleme biraz acı çektirse de, sonuçta daha sivri olmasını sağlar. Bu yüzden bazı acılara göğüs germeyi öğrenmelisin, bu acılar seni daha iyi bir insan yapar.

Üçüncü özellik: Kurşunkalem, yanlış bir şey yazdığında bunu bir silgiyle silmene her zaman imkân tanır. Yaptığımız bir şeyi sonradan düzeltmenin kötü bir şey olmadığını anlamalısın. Aksine bu, bizi adalet yolunda tutmaya yarayan en önemli şeylerden biridir.

Dördüncü özellik: Kurşunkalemin en önemli kısmı, kalemin yapıldığı ahşabı ya da dışarı yansıyan şekli değil, içerisinde yer alan kurşunudur. O yüzden her zaman kendi içine bakmalı, en çok onu korumalısın.

Beşinci özellik: Her zaman iz bırakmasıdır. Aynı şekilde sen de hayatta yaptığın her şeyin bir iz bırakacağını bilmeli ve her hareketinin farkında olmalısın."

Şimdi... Hayatın altüst dahi olmuş olabilir. Hiçbir şekilde çıkışım yok bile diyebilir iyice karamsar olabilirsin... Tam da şu an kalbine odaklan lütfen... Gözlerini sakince kapa... Bugüne kadar yaşadıklarını düşünmeni istiyorum... Geçmiş başarıların, harika günlerin, en keyifli anların... Orada biraz kal... Hangi anının içerisindeysen tam olarak o anının tamamen içinde ol ve kendini dışarıdan bir göz olarak gözlemle... Neler hissediyorsun?... Neler yaşanıyor orada?... O başarılı, mutlu, keyifli sen neler yapıyorsun? Duygularını en yüksek seviyede hissettiğin an sağ yumruğunu sık ve *"Yeniden ayağa kalkıyorum, bunları yapan ben yeniden başlıyorum..."* deyiver... Platon'un dediği gibi: *"İnsanın kendini yenmesi en büyük zaferdir."* Haydi ayaklanma zamanı... Çünkü sen *iyi olacaksın...*

Fikri Olmayanın Zikri Olmaz

"Fikirlerin varlığı, başarının aynasıdır."

– Sibel Uzun

Fikir; düşünce, zikir; söylemek ve eylem yani faaliyet demektir. Aslında biz bu cümleyi farklı atasözü olarak biliyoruz. *"Dervişin fikri ne ise zikri de odur."* Böyle bilinmesi insanlara ciddi bir motivasyon sağlar. Çünkü biliriz ki ne düşünürsek oyuz ve hangi eylemde isek onun gerçeği oluruz. Tam bu noktada size bambaşka bir bakış açısı sunmak istiyorum.

Genelde başarılı insanlar taklit edilir, hakikatin bir yansıması gibi görünürler. Bu tarz durumlarda taklit edilen kişiler genelde bir anda bir duygusal yıkımla karşı karşıya kalır...

"Nasıl yani, ben bunca emek vermiş, gecesi gündüzüne karışmış olan kişiyim, nasıl beni taklit edip önüme geçerler?" diye düşünmeye başlarlar. Çok üzgünüm ki bu bakış açısı kişiyi daha hızlı ilerlemesi gerekirken yavaşlatır, böylelikle motivasyon kaybeder ve geriler. Şunu bilmemizde fayda var. Üretmeye ve taklit edilmeye devam edeceksiniz. Siz üretip başardıkça kendinizle gurur duyacaksınız. Etrafınızda başarılarınızı kıskanan, hasetlenenler olacak. Onlar olmazsa siz daha büyük bir başarıyı nasıl hedefleyebilirsiniz ki? Biliyor musunuz, bilinçaltı dediğimiz sistem öyle zengin bir yelpazeye sahip ki en başta sizi benzer durumla karşılaşmanız için evrensel yasalardan biri olan

Zıt Çekim Yasası'yla yüzleştirecek ve size kendi potansiyelinizi hatırlamanız için gereken tüm kaynakları önünüze serecektir.

Amaç mı?

En iyi versiyonunuzla düşünmeye, üretmeye, başarıdan başarıya koşmanıza sebepler sunacak...

Nedir bu *zıt çekim yasası* diye düşünebilirsiniz. Kısaca bahsedelim...

Sizin için gerçekten önemli olan kişilik özellikleriniz nedir? Düzenlilik, anlayış, empati, dakiklik, asillik, prestijli olmak, sevgi dolu olmak, tutumlu olmak, nazik olmak, özgür olmak ya da başka bir şey.

Bilinçaltınız sizin en önemli özelliklerinizi fark etmeniz için çalışacaktır. Bunu da çevrenizdeki insanlar yoluyla yapacaktır. Anlayışsız bir insan, sizin aslında ne kadar anlayışlı olduğunuzu, dağınık bir insan, sizin ne kadar tertipli olduğunuzu, bencil bir insan, sizin ne kadar fedakâr olduğunuzu, aldatan bir insan, sizin ne kadar sadık olduğunuzu fark etmenizi sağlayacaktır.

İlişkilerinize bir bakın ve çevrenizdeki insanlarda neleri eleştirdiğinize dikkat edin, sizi rahatsız eden her şey aslında sizin değerli yönlerinizin var olması için gerekli.

Eğer yalancılar var olmasaydı sizin dürüst olmanızın ne anlamı olurdu?

Ya da öfkeli insanları görmeseydiniz, gerçekten sakin bir insan olmanızın bir değeri olur muydu?

Sizin için önemli olanı, sizin için doğal olan durumuna getirmedikçe ve ona yeterince enerji bağlamaktan vazgeçmedikçe zıtlıkların çekim yasasının her zaman işleyeceğini unutmamalısınız.

Böylelikle onların fikri olmadan zikri olmaya devam edecek, başarılarınız taklit edilecek, hatta en sert dillerde uyarılacaksınız hatalı davranmışçasına... Varsın olsun, bunların farkında olun... Çünkü düşünen siz, üreten siz, eyleme döken siz... Tam bu noktada madalyonun arkasını çevirin ve sizi aşağı çeken bu durumlara karşı aldığınız tavırlarınızı gözden geçirin. Unutmayın... Onlar hep olacak. Siz bu gibi durumlarda negatif duygularla hemhal olursanız kendinizi yine hasta edersiniz. Kendinizle gurur duyun. Kaynaklarınızı genişletin. Eylemleriniz öyle serinkanlı olsun ki karşınızdaki negatifler sizin hakikatin ışığında yürüyen bir bilge olduğunuz gerçeğinden kaçamasınlar.

Bu hayatta her şey karşılık görecektir. Kim ne ektiyse karşılığını alacaktır. Evrende her şeyin enerjiden ibaret olduğu gerçeğini biliyoruz. Kâinat, varoluşla birlikte yani "Kün fe yekûn"den itibaren her şey oldu ve bitti. Her şeyin kayıtları ise Levh-i Mahfuz'da mevcut. (Her şeyin en doğrusunu Allah bilir.)

Evrensel yasalarda etki-tepki yasası mutlak surette vardır. Evrensel yasaları, gerçekten özümseyerek bilmek, anlamak gerekir ki her şeyin oluşumunda bir sebep vardır ve her sebebin de sonsuz olasılıkla beraber yaşamımıza akışı oluşur.

Bugün hasadını yaptığımız yani yaşadığımız olaylar, dün ektiğimiz tohumlar yani eyleme döktüğümüz olaylar. Karma yasası veya etki-tepki yasası olarak adlandırılan bu yasa Newton ve Albert Einstein'ın da doğruladığı gibi, her etkinin karşıt bir tepkisi olduğunu keşfetmişti. Bu yasanın ne büyük bir hakikatle çalıştığını fark etme zamanı... Bu yasanın yaşamın her alanını etkilediğini kendimize hatırlatmak da önemlidir. Karmanın, kelime anlamı "eylem" demektir. Her an bize bir seçenek sunulur sonsuz olasılıklar dahilinde...

Rahmani ya da şeytani olanı seçmek, kibar ya da kaba olmak, yavaş ya da hızlı hareket etmek, hayatımızı sadeleştirmek ya da karmaşıklaştırmak ve benzeri birçok seçenek. Yani nasıl davrandığımıza bağlı olarak karşılığını alırız. Sistem bu kadar basittir aslında... Ne ekerseniz onu biçersiniz. İyi bir şeyler yapın ve karşılığında iyi bir şey alın. Sevgi verin ve çokça sevgi alın. Şayet ki diğerlerini eleştirirseniz, siz de eleştirilirsiniz. Eğer çalarsanız, sizden de çalınır. Yalan söyler ve aldatırsanız, size de yalan söylenir ve siz de aldatılırsınız. Düzen bozarsanız, düzeniniz bozulur. Kınamayın, kınanacak hale kadar düşersiniz.

Karmalara dikkat!

Bunları yaşarken hem kısırdöngü haline gelen haller vardır hem de yenilgiyi kabul etmediğimiz haller. Evrene sorulabilecek en sıkıntılı soru ise "Neden ben?" sorusudur. Başa gelen her kötü olayda bunu sormaktan hiç çekinmeyiz fakat mesela şans oyunlarından büyük ikramiye çıksa bu soruyu sormayız.

Ne verdiysem, karşılığında sadece onu alırım; eğer patlıcan tohumu ekersem, kabak çıkmasını bekleyemem! Eğer bugün sıcak, sevgi dolu dostluktan hoşlanıyorsam ve yaşam kalitem bu yöndeyse o zaman insan ilişkileri tarlasının toprağını iyi sürmüşüm demektir. Örneğin; üç çocuk annesi olmama rağmen hâlâ fitsem, bunun sebebi bedenime ve sağlığıma özen gösteriyor olmamdır... Eğer kariyerimde başarılıysam, muhtemelen yıllarca süren sıkı çalışmalarım, etki-tepki yasasını anlamış olmam ve sürekli gayretten dolayıdır. Bugün yaşadığım hayat önceki eylemlerimin bir sonucudur, yani dünkü eylemlerimin. Unutulmaması gereken en önemli kavramsa, beş dakika öncesi de geçmiş olarak adlandırılacaktır. Evrende hiçbir eylemin gizlide kalmama gibi güzel bir huyu var. Toplumda çoğu insanın bunu atlıyor olmasına hayretle bakıyorum çünkü hiç kimse görmese bile evrensel ilahi adalet sistemi daimi işliyor.

Tohumu ekmek ile meyve hasadı arasında nasıl uzun bir ara varsa, sergilenen eylem ile sonuçların oluşması arasında da o kadar uzun bir ara vardır. Bu nedenle, insan, hareketlerinin üzerinde yarattığı zararı göremez. Olaylardan, gerçeklerden ya da karanlık tarafımdan kaçtığımı zannedebilirim ancak bu, sadece tüm tohumlar "meyve" vermeden önceki bir zaman meselesidir; insanın karması yaşamı boyunca onu daima takip eder. Zandan çıkma vaktimiz. Karma bize bir seçeneğimiz olduğunu ve sorumlulukların da seçimlerle birlikte geldiğini öğretir. Hissettiğim acı ya da memnuniyet, benim eylemlerimin bir sonucudur ve karma bana bu korkunç kısırdöngüyü olumlu hale dönüştürebileceğimi ekilecek tüm tohumların benim elimde olduğunu öğretir.

Zihin toprağınızı işlemenin, istenmeyen sonuçların ve istenmeyen duyguların yabani otlarını sökmenin şimdi tam zamanıdır. Zihninize hükmeden sizsiniz ve bu sebeple aradığınız sonuçları yaratmayı seçebilirsiniz. Hayatınızın her alanında, güçlü ve yapıcı düşüncelerin sağlıklı tohumlarını ekin. Sonra arkanıza yaslanın ve görünen meyveleri izleyin fakat sabırlı olun... Olgunlaşmamış meyve sadece hazımsızlığa neden olur! Her şey vaktini bekler unutmayın.

Ekilen tohumlar er ya da geç büyüyecek, onlar büyürken şayet kötü tohumlar ektiysek; hayatımızda kötü olaylar silsilesi yaşanacak ve bu durumda şiddetli haksız sağlanan gerek kazançlar gerek kazanım diye gördüklerimiz bizim hem insanların hem de kendi kul hakkına girmemize sebep olacak ki bu da en tehlikeli durumlardan biridir.

Uzun lafın kısası, sakinken, karmaşa olmadan ve zihnime uyuşmazlıkları çekmeden karma felsefesini öğrenmek gerekir ve daha da önemlisi karma hesabını kapatmak, kaçınılmazdır. Bugün bu borç biz tarafından ödenmezse nesiller boyu bu borç ödenene kadar gen aktarımlarıyla devam edecektir. İşleyen bir evrensel ilahi adalet sistemi olduğunu ve tüm meselelerle ilgilenileceğini hiçbir zaman unutmayalım. Karma bir verme ve alma yasasıdır, alma ve verme değil! Vermeden alırsam, yasayı çiğnemiş olurum ve sonuçta hesabı yeniden dengeye getirmek için, katbekat geri ödemek zorunda kalırım. Bu gerçek bir etkileşimdir ve belki de tüm zamanların en büyük yanılgısıdır ki aldığımda kazançlı çıkmam, borç yaratırım! Asıl hedef, her zaman alacaklı olmaktır, borçlu değil ve bunun için, alıyor olmaktan çok veriyor olmam gerekir. Etki-tepki yasasını iyice kavrayalım ve ona giden yolda eylem yasasını hayatımıza entegre edelim. Eylem yasasına ilişkin buraya ufak da bir not bırakıyorum... Ve unutma: *İyi olacaksın...*

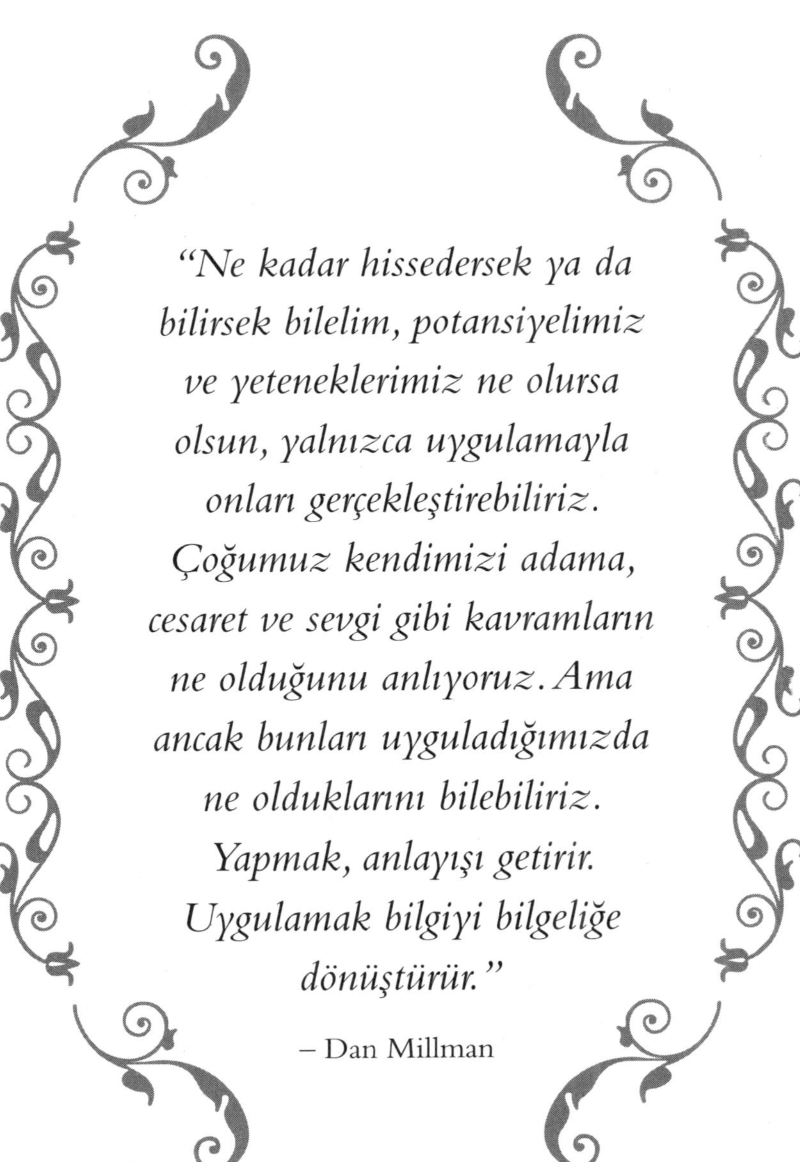

"Ne kadar hissedersek ya da bilirsek bilelim, potansiyelimiz ve yeteneklerimiz ne olursa olsun, yalnızca uygulamayla onları gerçekleştirebiliriz. Çoğumuz kendimizi adama, cesaret ve sevgi gibi kavramların ne olduğunu anlıyoruz. Ama ancak bunları uyguladığımızda ne olduklarını bilebiliriz. Yapmak, anlayışı getirir. Uygulamak bilgiyi bilgeliğe dönüştürür."

– Dan Millman

Acil Durum

"Hayat kısa, kuşlar uçuyor..."
– Cemal Süreya

Anthony Burgess beyninde tümör olduğunu ve bunun kendisini bir yıl içinde öldüreceğini öğrendiği sırada kırk yaşındaydı. O sıralarda beş parası yoktu ve kısa süre içinde dul kalacak olan eşi Lynne'e miras bırakabileceği hiçbir şeyi bulunmuyordu. Burgess geçmişte hiç profesyonel bir roman yazarı olmamıştı; ama içinde yazar olma yeteneği bulunduğunun her zaman farkındaydı. Böylece, salt eşine hiç değilse telif haklarını bırakabilmek için, yazı makinesine bir kâğıt taktı ve ilk romanını yazmaya başladı. Yazdığının basılabileceği bile kesin değildi; ama aklına yapacak başka bir şey de gelmiyordu.

"1960'ın Ocak ayıydı..." diyordu. "Ve konulan tanıya göre, önümde yaşayabileceğim bir kış, bir ilkbahar ve bir yaz vardı. O yıl, yapraklar dökülmeye başladığında ben de ölmüş olacaktım." O hızla ve telaşla, Burgess yıl bitmeden beş buçuk roman yazmayı başarmıştı. Bunca yapıtı E. M. Forster neredeyse bütün bir yaşamı boyunca ancak yazabilmiş; Amerika'nın en büyük yazarlarından J. D. Salinger ise, yine tüm ömründe, ancak bunun yarısını yazmayı başarabilmişti.

Şükür ki Burgess ölmedi. Kanseri önce geriledi; sonra da tümüyle ortadan kalktı. Uzun ve dolu dolu yazarlık yaşamında içlerinde en ünlüsü *Otomatik Portakal* (A Clockwork Orange) olmak üzere yetmişten fazla yapıt üretti. Kanserin ona vermiş olduğu ölüm cezası olmasaydı, bu romanların birini bile yazamayabilirdi.

Şöyle etrafımıza bakalım... Çoğu gücünü eline almış kişiyle Anthony Burgess gibiyizdir; içimizde ortaya çıkmak için bir dış etkenin yaratacağı *acil durumu* bekleyen bir büyük yetenek saklarız.

Motivasyonun kaynağını iyice gözlemleyin lütfen. Ölüm... Son... Geri dönüş yok, final.

Şu an elimizdeki, kolumuzdaki, göğsümüzdeki cevherin farkında mıyız? Ben kanser oldum öleceğim artık her şeyden vazgeçmeliyim dememiş. Yürü demiş, durma, yaz yazabildiğin kadar, yapabildiğinin en iyisini yapmaya devam et demiş ve yürümüş. Bu onu zihinsel kargaşadan da kurtarıp duygusal bir çözümlemeye itmiş ve kansere kadar yok olmuş.

Şimdi... Canım cevherim... Kendini en ama en berbat durumda hissettiğin ya da gördüğün zaman Anthony Burgess'in yerinde olup kanserden bir yıl içinde öleceğinizi öğrenseydiniz ne yapacak olduğunuzu sorun kendinize...

"Eğer ben de ancak bir tek yıl daha yaşayacağımı öğrenmiş olsaydım, yaşamımda neleri değiştirir, o son yılımı nasıl yaşardım?

Tam olarak ne yapardım?"

Cemal Süreya'nın *"Hayat kısa, kuşlar uçuyor..."* sözünü hatırla...

Hayat kısa, kuşlar uçuyor... Bu kısa fakat derin anlamlar içeren söz, Cemal Süreya'nın ölümsüz eserlerinden biridir. Bu cümlede gizli olan hikmet ve bakış açısı insanları varoluşun geçiciliği ve anın değerini düşünmeye sevk eder. Satırdan değil, sadırdan okumaya başladığında kelimelerin arkasındaki güçlü düşünce, bakış açısının satır araları yaşamın kısa bir yolculuk olduğunu ve bu süre zarfında birçok önemli anı kaçırma riski taşıdığımızı hatırlatır.

Bugün çoğumuz yaşamın hızlı tempolu ritmi ve yoğun sorumluluklar içinde kayboluyoruz. Ancak Cemal Süreya'nın bu sözü, bize durup etrafımızdaki güzelliklere, anın içindeki detaylara odaklanmayı ve sevdiklerimizle daha derin bir bağ kurmanın önemini hatırlatır. Kuşlar uçarken, zamanın bir hüzünle aktığını, anların ise elimizden kayıp gittiğini düşünmek, yaşamın içsel zenginliklerini keşfetmek ve onları daha iyi anlamak için bir fırsattır.

Bu söz aynı zamanda bir çağrıdır: Cesur olun, risk alın, hayallerinizi kovalayın. Kuşlar gibi özgürce uçmak, hayatın sunduğu tüm güzellikleri keşfetmek ve potansiyelimizi en üst düzeye çıkarmak anlamına gelir. Cemal Süreya'nın bu ifadesi, rutinden sıyrılarak, kendi hayat öykümüzü yazmak için bir fırsat yaratmamız gerektiğini vurgular.

Zamanın bilincinde hissetmenin önemini anlamak yüksek bilinç seviyesine ulaştırır. Bu söze çok yalın ve basit bakın lütfen... Sözün insanın içdünyasında uyandırdığı hissiyatın tadını almaya çalışın. Anın geçiciliği, yaşamın içsel derinliklerini anlamamıza ve duygusal zenginliklere ulaşmamıza yardımcı olabilir. *"Kuşlar uçuyor, hayat kısa"* ifadesi, yaşamın kırılma noktalarında, umut dolu anlarda ve düş kırıklıklarında bize eşlik eden bir rehber olabilir. Düşünce dünyanıza derin etkiler bırakabilecek bir özelliğe sahip bir dize. Kuşlar uçarken, biz de hayatın anlamını, değerini ve kısalığını hatırlamalı, bu bilinçle yaşamalı ve hayallerimizi gerçekleştirmek için cesur adımlar atmaktan çekinmemeliyiz.

Kalbin Elektromanyetik Alanı: Sevgi

Bilimsel araştırmalar kalbin kan pompalayan bir organdan çok öte olduğunu gösteriyor. İnsan vücudunda en güçlü ritmik elektromanyetik alan kalbinki. Kalbin manyetik alanı, beynin-kinden 5 bin kat daha güçlü ve bazı cihazlarla bedenin 4 metre ötesine kadar tespit edilebiliyor. Her hücreyi kaplıyor; her yöne doğru yayılıyor.

Yaklaşık 20 yıldır kalp ve beyin arasındaki iletişimi inceleyen HeartMath Enstitüsü, kalbin elektromanyetik alanındaki bilgiyi, başka bir deyişle kodlamayı anlamaya çalışıyor. HeartMath Enstitüsü sevgi, takdir, merhamet gibi olumlu duyguların, kalbimizin çok farklı bir mesaj oluşturmasına neden olduğunu keşfetti. Her kalp atışı arasındaki süre, dinamik ve kompleks bir tarzda değişiyor. Olumlu duygular hissettiğimizde, birbirini izleyen kalp atışları arasındaki sürelerin değişkenliği çok düzenli hale geliyor ve bu değişim kalbin elektromanyetik alanına yansıyor. Bilim insanları bu durumu kalp ritmi düzenliliği (heart coherence) olarak adlandırıyor.

HeartMath Enstitüsü'nün yöneticilerinden Dr. Rollin McCraty şöyle söylüyor: *"Kalbin beyne gönderdiği sinyallerdeki düzen, beynin performansını derinden etkiliyor. Eğer sinyaller düzenli ise kavrama, düzgün düşünebilme, iyi karar verme gibi işlevler kolaylaşıyor. Aksi durumda zorlaşıyor."* Öfke, ümitsizlik, panik gibi hisler kalp atışlarında düzensizliğe sebep oluyor.

McCraty, moralimiz bozuk olduğunda ya da birine kızdığımızda bazen mantıksız şeyler yapmamızın bu durumla ilişkili olduğunu ifade ediyor.

Dr. McCraty, kalbin elektromanyetik alanının insanın duygusal durumuna ilişkin bilgiyi vücuda ilettiğini söylüyor. Kalp ritminin düzenliliği arttığında bağışıklık sistemi güçleniyor, stres hormonu düzeyi azalıyor, tansiyon düşüyor ve insanın zihni açık oluyor. Yalnızca, minnettarlık hissettiğimiz bir anı hatırlayarak kalp ritmimizin düzenliliğini artırabileceğimizi belirtiyor.

McCraty şöyle diyor: *"Dikkatinizi takdir, şefkat gibi olumlu bir duyguya yönlendirirseniz ya da düşüncelerinizi çok değer verdiğiniz bir hatıranızda yoğunlaştırırsanız kalp ritminiz anında değişir."*

HeartMath Enstitüsü araştırmaları, insanın kalp ritminin düzenli olması durumunda, bunun yakın çevresindeki kişilere deneylerle belirlenebilen olumlu etkileri olduğunu gösterdi. Tabii bunun aksi de olabiliyor. Amerika'nın Radford Üniversitesi'nden Dr. Raymond Bradley ve Dr. Rollin McCraty, aralarında bir buçuk metreye kadar mesafe bulunan kişilerin kalp enerjisi alışverişini tespit ettiklerini ifade ediyor. Beyin dalgaları, kalp ritimlerine senkronize oluyor. Bradley ve McCraty, insanın beyin dalgalarının başkasının kalbine de senkronize olabileceği keşfettiklerini belirtiyor.

HeartMath Enstitüsü'nün en yeni araştırmalarından biri, annenin beyin dalgalarının bebeğinin kalbine senkronize olabileceğini gösterdi. Araştırma sonuçlarını değerlendiren bilim insanları, ilk verilerin, kalbin ürettiği elektromanyetik sinyallerin çevremizdeki insanları etkileme kapasitesi olduğuna dair önceki bulguları aydınlatır nitelikte olduğunu ifade ediyor. Araştırmacılar, "Görünüşe göre, anne dikkatini bebeğine verdiğinde, bebeğin kalbinin oluşturduğu elektromanyetik sinyallere daha duyarlı hale geliyor" diyor.

Bunca bilimsel araştırma bize gösteriyor ki kalbin gücü her yerde... Sev kardeşim. Doya doya sev, çok sev, karşılıksız sev, canından kopa kopa sev. Sevgiyi vermek kimseden hiçbir şey eksiltmez. Aksine çoğaltır. Korkmayın verin, Rabbimiz gani gani nasıl veriyorsa bize bizden çoğalarak yayılsın tüm kâinata...

Öyle zamanlardayız ki gerçekten her gün, her an elekten geçer gibi kıyılıyoruz. Bir gün bile hayatınıza fayda sağlamamış sadece kendi menfaatleri üzerine sizinle çıkar ilişkilerini güçlendirmek için bir araya gelmiş, bedeninize yapışan kan emicileri hayatınızı, gençliğinizi, güzelliğinizi, iyimserliğinizi, güveninizi sizden bayağı bayağı çalmış bu yeryüzü zebanilerini iyileştireceğiniz tek şey sevgi. İlk kitabımda sadırdan okuyup sadırdan yazmıştım. Sevgi kâinatın özü diye... Sevgi öylesine güçlü ki neye dönüp sevgiyle bakar, yaklaşırsanız o size sevgiyle karşılık veriyor. Vazgeçmeyin! Sevmekten, sevginizi doya doya paylaşmaktan vazgeçmeyin.

Günümüzde klinik psikologlar özellikle sevgi temelini narsis kişilik bozukluğuna ait bir parça olarak ifade ediyorlar. Yok öyle bir şey! Olamaz! Pozitif her şey bu âlemde mümkün iken kendini sevmenin kişilik bozukluğu olabileceği kanısını asla tanımlayamıyorum. Dolayısıyla kendini bilen âlemleri bilir, âlemleri bilen Rabb'ini... Ötesi berisi gerisi olmayan bir denklem bu. Onun için sevgiyle yeşersin kalbiniz, sevgiyle bir ve bütün olun, sevgiyle aşın tüm engelleri... İnsanın narsisleşmeden kendini sevebilmesi, kimseyi aşağılamadan ve hor görmeden kendine güvenebilmesi, kimseden nefret etmeden kendine saygı duyabilmesi gerekir. Narsisizm tuzağına düşmeden kendimizi bilmek, kendimizi sevmek, kendimize güvenmek ve kendimize saygı duymak. Bu dengeyi kurabildiğimiz oranda kendi iç huzurumuz evrendeki huzurla ahenk ile birleşir. O zaman kendimizle, başka varlıklarla, diğer toplumlarla, diğer insanlarla kavga etmek yerine birlikte yol yürümenin imkânlarını araştırmaya başlarız. Dolayısıyla kendimizden çıktığımız bu yolda kendimize varacak iken sevgi ruhsal yaşamın anahtarıdır sözümü yinelemek isterim.

Ben sevmekten hiç usanmayacağım... Ya sen?

Bu âlemin hakkını sevgiyle vereceğim, ya sen?

Debelenmeye devam mı tamam mı?

Sevginin karargâhını kalbine kurdun mu hiçbir düşman oraya yaklaşamaz.

Canım cevherim, pırlantam... Ruhu ay, kalbi güneş olanım...

Sev... Çünkü sevdikçe *iyi olacaksın...*

Mutluluğa Giden Yol

"Ahmaklar mutluluğu uzaklarda arar; bilge olanlar ise mutluluğu kendi ayakları altında yetiştirirler."

–James Oppenheim

Hayat, mutluluğun değerini anlamak için her an birçok fırsat sunar. Mutluluk, iç huzuru, tatmin ve anlam arayışının bir sonucudur. Mutluluğa giden yol, içsel keşif, kabul, sevgi ve yaşamın tadını çıkarma sürecidir. Dış etkenler veya maddi kazanımlar, kalıcı mutluluğu getiremez. Asıl mutluluk, içsel dünyamızda, kabul etme, minnettarlık duyma ve sevgi dolu bir kalple yaşama yeteneğiyle gelir. Bu yolculukta, içsel keşif önemlidir. Kendimizi ve isteklerimizi derinlemesine anlamak, mutluluğu bulmamıza yardımcı olur. Ne zaman ki yıkıldığını fark ettin yeniden ayağa kalk ve hiçbir şeyin önünde durmasına, sana engel olmasına izin verme.

Çünkü mutluluğa giden yol, kabul ve minnettarlıkla başlar. Hayatın getirdiği her deneyimi kabul etmek ve bu deneyimlerden öğrenmek, iç huzuru artırır. Minnettarlık, sahip olduklarımıza odaklanmak ve küçük güzellikleri takdir etmek demektir. Çoğunlukla insanlar her düşüşte yerle bir olurlar, halbuki ilk basamak az önce okuduğun mucizevi kelimelerde saklı... Kabul ve minnettarlık...

Sevgi, mutluluğun temelidir. Kendimize ve çevremizdekilere sevgiyle yaklaşmak, içsel huzur ve tatmini artırır. Sevgi dolu bir kalp, hayatın güzelliklerini ve fırsatlarını daha net görmemizi sağlar.

Mutluluğa giden yol, yaşamın tadını çıkarmakla ilgilidir. Anın tadını çıkarmak, geçmişe takılmadan ve gelecek kaygısı olmadan, şimdiye odaklanmak demektir. Küçük zevklerin ve anlamlı bağlantıların keyfini çıkarmak, mutluluğu günlük hayatımızın bir parçası haline getirir.

Sonuç olarak, mutluluğa giden yol, içsel bir yolculuktur. İçsel keşif, kabul, sevgi ve yaşamın tadını çıkarma, bu yolculuğun anahtarlarıdır. Her birimiz, içsel huzuru ve mutluluğu bulmak için bu yolculuğa adım atabiliriz. Hayatın her anını, içsel huzur ve mutlulukla doldurmayı hedefleyerek, mutluluğa giden yolculuğumuzu başlatalım.

Psikolog Richard Carlson, mutsuzluktan kurtulmamız ve yaşamımızı olumlu yönde değiştirebilmemiz için *Mutluluğa Giden Yol* adlı kitabında şu stratejileri önerir:

- Olasılıkları değerlendirin. Bilincinizi değiştirin.
- Düşüncelerinizi ve hislerinizi değiştirin. Olumsuza yönelmek olumsuz sonuçları beraberinde getirir. Öyleyse olumluya yönelin.
- Sağlıklı psikoloji varlığınızın merkezinde doğuştan gelen bir özellik olan sağlıklı psikolojik işleyişin huzur halidir. Bütünlük hissi sağlar.
- Düşüncelerden arınma. Negatif ve acı dolu düşünceler aklınızdan silindiğinde rahatladığınızı hissedersiniz.
- Akıl. Tarih boyunca akıllı denilen kişiler, gerçekliğin hayatın kendisi olduğunu, sorunların ise düşüncelerin

ürettiği birer yanılsama olduğunu görebilenlerden çıkmıştır.

- Düşünce, gereğinden fazla önem verildiğinde büyür. İyimserlik sanatını öğrenin.
- Düşünce sisteminizin sınırlarından kurtulun. Mutluluk ve minnettarlık duyun.
- Tercih noktalarından vereceğiniz kararları sevgi yoluna uygun belirleyin.
- Düşünme alışkanlığınızı değiştirin. Korku yerine sevgiyi seçin.
- Ruhsal durumlarınızdaki iniş çıkışları kabullenin. Olumsuz düşünce ve sözlerle bunalım yaratmayın.
- Anı yaşayın. Düşünce engellerinden kurtulun. Ruh halinizin bilgisini öğrenin.
- Yaşam bir sarkaca benzer. Sağlıklı işleyişi seçin. Neşeli olun. Yaşamı bütünüyle bir deneyim kabul edin.
- Ruh sağlığını ve mutsuzluğun dinamiklerini öğrenin. İçinizden gelen huzur duygularına önem verin. Saygı gösterin.
- Pek çok soruna tek çözüm. Sorun yaratan düşünce alışkanlığından kurtulun.
- Mutsuzluk sizin yazgınız mı? Yaşamınızın bir anlamı olabilmesi için olaylardan dersler çıkarın. İçsel huzura kavuşun...

Şimdi soruyorum sana cevherim... Her gün bir madde üzerine gidersen ne olur?

"Hepimiz kutsal
dağın zirvesine
koşuyoruz. Geçmişi
bir rehber değil de
bir harita olarak
kabul etsek,
yolumuz daha kısa
olmaz mı?"

– Halil Cibran

Zirve Senin Fakat Bir Şartla

Halbuki hak edişin hayatının zirvesi. Sen her zaman en yukarıda olmalısın. Yaşamına mucizeleri sen çekeceksin! Mucizenin ta kendisi olduğunun farkında olarak yapacaksın bunu...

Zirve senin! Sahne senin! Adım adım zirveye ilerliyorsun ve hayatında da detoks zamanı! Hayatından çıkar...

- *Sana sadece dertlerini anlatanları*
- *Seni küçümseyenleri*
- *Saygı göstermeyenleri*
- *Değerini bilmeyenleri*
- *İçten içe küçümseyenleri*
- *Hep "ben" diyenleri*
- *Hayatına müdahale edenleri*
- *Dedikodunu yapanları*
- *Sevgisini göstermeyenleri*
- *Hesabı sürekli sana ödetenleri*

Toksik insanlar sana her zaman zarar verecekler... Onlar kartalın sırtına binen karga gibidir. Kıssadan hisse... Hiç unutma bu kıssayı...

Anlatıldığına göre; bir kartalı gagalamayı deneyen tek kuş kargaymış...

Bu karga denen kuş kartalı taklit eder lakin özelliklerine sahip değildir. Kartal avlanıp beslenen, asil ve heybetli... Karga ise artıkla beslenen, leş yiyici asalak! Kartal her yönüyle orijinal, spesifik... Karga tüm yönleriyle taklitçi! Kartalın çıkardığı düşmanı ürküten, efsanelere konu, ordulara sembol bir ses! Karganın sesinden ise dostları bile utanır.

İşte o taklitçi kargaların kartal karşısında sürekli mağlup olan sürüsü bir türlü alt edemedikleri en büyük kartala küçük beyinleri ile bir ders vermek için içlerinden yine toy birini seçerler.

Daha önce defalarca tuzak kurup, her yolu deneyip mağlup olan... Kanadını, bacağını, türlü uzuvlarını her defasında kartal karşısında kaybedip sakat kalarak güçbela yaşayabilen bu mağlup kargalar gaza getirdikleri toy kargaya tecrübelerini anlatıp yol gösterirmiş... Sonunda bir yöntem bulmuşlar.

En büyük kartal ne yaparsa o toy karga da onu taklit edecek, kartal gibi davranıp yakınlaşacak, fırsatını bulunca da boynundan gagalayıp öldürecekmiş...

Bir süre birlikte uçup yakınlaştığı kartalın onu umursamayan asaletini acziyet sanmış. Yakınlaştıkça yakınlaşmış, en sonunda sırtına binmiş... Kartal manevra ve avlanma ustası... Mücadelesine bakarken aldırış etmemiş kargaya!

Bu şartlarda zorla yerinde durabilen karga bir yandan denge kurmaya çalışırken öte yandan kartalın üstünde boynunu ısırmaya fırsat ararmış. Ancak kartal yanıt vermez, karga ile savaşmaz; zaman veya enerji israf etmez... Onun için olağan şeyi yamış! Sadece kanatlarını açmış ve göklerde yükselmeye başlamış.

Kartal yükseğe çıktıkça, karganın nefes alması o kadar zorlaşmış tabii... Ve nihayetinde ciğerleri yetmeyen karga oksijen eksikliğinden en yükseklerden yere çakılıp ölmüş gitmiş.

Hikâye böyle işte...

Ne kargalar bitecek ne de kartalın şanlı yükselişi! Hayatındaki kargalara dikkat et. Sen zirvedeyken, sana ulaşamazlar!

Sen kendi gücünün ve başarılarının farkında ol... Sırtına binenlerin, hakkını yiyenlerin, sana ebedi ve ezeli cezaymışsın gibi davrananların farkında ol... Sen yükseldikçe onlar eninde sonunda yere çakılacak ve sen başın dimdik her zaman *iyi olacaksın...*

İlişkileri Kendine Ayna Kılmak

Biraz ilişkiler üzerine gidelim... "İlişkileri kendine ayna kılmak", genellikle, dış ilişkilerimizde karşılaştığımız dinamiklerin, duyguların ve deneyimlerin, aslında kendi içdünyamızla bağlantılı olduğunu ifade eder. Bu kavram, dış dünyada yaşadığımız ilişkilerin, içsel dünyamızdaki duygularımızın ve inançlarımızın yansıması olduğunu öne sürer.

Bu bağlamda kime, neden ihtiyaç duyuyoruz biraz irdeleyelim...

İlişki ve İlişkilenme Kavramı Nedir?

İnsanın en temel iki ihtiyacı, anlamak (bilmek) ve ilişki kurmaktır. Bu iki ihtiyaç da kaynağını tek bir yerden alır; ölüm korkusu. İlk insanlar, atalarımız ölümü keşfettiğinde artık yaşadıkları dünya onlar için bir bilinmezliğe sebep oldu. Anlayamadıkları ölümü ifade etmek için çok temel bir dürtü ile "Ben buradaydım, vardım" demek için mağara duvarlarına resimler yapmaya başladılar. Ne avladıkları hayvanlar ne de kabiledeki diğer insanların öldükten sonra yeniden dirilmediğini gören ve mağaradaki resimlerle de tam olarak kendini güvende hissedemeyen atalarımızdan evrimsel süreçte bize miras kalan, bilinmezlikleri anlama ki böylelikle ölüme sebep olabilecek tüm olasılıkları kavrayarak yok olmaktan kaçma, ikincisinin varlığını ötekine haber vererek onunla ilişki kurma. Böylece yalnız kalmayarak ölüm korkusunu da yenebilme.

Mağara duvarlarındaki resimlerle başlayan insanın anlama ve ilişki kurma mecburiyetinden bugün geldiğimiz noktada temel sorun, ihtiyaç duyduğumuz şeyin ne olduğunu adlandıramama hali. Bu durumun en temel örneğini duygularımızı adlandırırken yaşıyoruz. Psikologların şematik olarak gösterdiği neredeyse 300 çeşit duygu varken, araştırmalar konuşma dilimizde en fazla 7 duyguya yer verdiğimizi gösteriyor. Yani aslında "Böyle hissediyorum, üzgünüm, çok mutluyum..." dediğimizde çoğunlukla söylediğimiz şeyi hissetmiyoruz. Bunun önemli sonucu, beyin düşündüklerimizle duygularımızı şekillendiriyor. Biz daha en başta ne hissettiğimize dair yanlış bir tanımlamayla yanlış bir düşünce ürettiğimiz, duygularımız karışıyor ve bunun sonunda aslında hiç istemediğimiz yönde davranıp, karar veriyoruz.

Aynı durum, bugün hayatımız için de geçerli... O nedenle öncelikle, "İlişki nedir?", "İlişkilenmek nedir?" sorularına bakalım.

İlişki: İlişkiler, şeylerin, ilişkinin birbirine karşı durma yollarıdır.

İlişkilenmek: Birbiriyle bağlantılı olduğunu düşünmek.

Ne kadar farklı aslında değil mi? İlişkiyi konuştuğumuz çoğu durumda aslında biz ilişkilenmeyi konuşuyoruz ve aslında ilişki kurmaktan önce ilişkilenmeye ihtiyaç duyuyoruz.

İlişkilenmek kelimesinin kilit noktası, bağlantılı olduğunu düşünmek. O halde gerçek bir ilişki yaşadığımızı hissetmek, gerçek ve doyurucu bir ilişki yaşamak için temel olan bağlantılı olduğumuzu hissetmek olacak. Peki bu bağlantı ne ile kurulunca ve nasıl kurulduğunda gerçek bir ilişkilenmekten söz ediyor olacağız?

Kendimize dair gerçek bir algımız, farkındalığımız oluştuğunda kurduğumuz ilişkinin kalitesi artar ve gerçek bir bağlantı halini deneyimleriz. Öteki olanla gerçek bir ilişki yaşamanın sırrı önce kendimizle sağlam bir ilişki kurmaktan geçiyor.

Kendimizle kurduğumuz ilişkide, içsel bağlantımızı nasıl güçlendireceğiz?

Kendimizle kurduğumuz ilişkiyi güçlendirmek, içsel denge, huzur ve memnuniyeti artırmak için önemlidir. İçsel bağlantımızı güçlendirmek için şu önergeleri gözden geçir lütfen.

Farkındalık Geliştirme: İçsel bağlantımızı güçlendirmenin ilk adımı farkındalık geliştirmektir. Kendimizi ve içsel düşüncelerimizi, duygularımızı ve davranışlarımızı anlamak için farkındalık egzersizleri yapabiliriz. Meditasyon, nefes farkındalığı ve günlük farkındalık uygulamaları gibi teknikler, bu farkındalığı artırabilir.

Kendini, Benliğini Kabul Etme: Kendimizi olduğumuz gibi kabul etmek ve kendimizi eleştiriye karşı korumak, içsel bağlantımızı güçlendirmenin önemli bir parçasıdır. Mükemmeliyetçilikten kaçınmak ve kendimize daha şefkatli davranmak, içsel huzurumuzu artırabilir. Her insan mükemmeliyetçidir. Önemli olan bu duygunun size hissettirdiği ve yaşattığıdır.

Duygusal Motivasyon: Kendi duygusal ihtiyaçlarımızı tanımak ve bunlara dikkat etmek, içsel bağlantımızı güçlendirmenin bir başka yolu olabilir. Olumlu duyguları besleyici etkinliklere zaman ayırmak ve kendimizi ruhsal olarak beslemek önemlidir. Hobiler, sanat, müzik, doğa yürüyüşleri gibi aktiviteler bu açıdan faydalı olabilir. Özellikle su sporları muazzam iyi gelecektir.

İçsel Diyalog: Kendi içimizde yürüttüğümüz diyaloglar, içsel bağlantımızı güçlendirebilir veya zayıflatabilir. Pozitif destekleyici içsel konuşmaları teşvik etmek, kendimizi güçlendirebilir ve içsel bağlantımızı artırabilir.

Kişisel Gelişim: Bilinenin aksine kişisel gelişim kendini okuma ve bilme sanatıdır. Kendimizi geliştirme ve büyüme sürecinde olmak, içsel bağlantımızı güçlendirebilir. Okuma, öğrenme, kişisel hedefler belirleme ve yeni deneyimler yaşama gibi faaliyetler, kendimizle daha derin bir bağlantı kurmamıza yardımcı olabilir.

Kendine Öz Bakım: Kendimize iyi bakmak, fiziksel, zihinsel ve duygusal sağlığımızı korumanın önemli bir parçasıdır. Düzenli egzersiz yapmak, sağlıklı beslenmek, yeterince uyumak ve stresten kaçınmak, içsel bağlantımızı güçlendirmeye yardımcı olabilir.

Bu adımlar, içsel bağlantımızı güçlendirmek için atılabilecek önemli adımlardır. Herkesin içsel bağlantısını güçlendirmek için farklı yolları vardır, bu nedenle kişisel deneyimlerinizi ve ihtiyaçlarınızı dikkate alarak bu adımları uygulamanız önemlidir. Unutma; daima sana iyi geleni bul ve yola çık çünkü *iyi olacaksın...*

İlişki Kurmaya Neden İhtiyaç Duyarız?

İlişkilenme konusunda birinci adımın, doğru kelimeyi tespit edip, ihtiyacımızı anlamlandırmak için ilişki ve ilişkilenme arasındaki farkı anlamak olduğunu gördük. İkinci adım da "Neden ilişkiye ihtiyacımız var?" sorusunu cevaplamak.

İnsanlar ilişki kurmaya ihtiyaç duyarlar çünkü insanlar sosyal varlıklardır ve ilişki kurmak, insan doğasının temel bir özelliğidir. İşte bu ihtiyacın bazı nedenleri:

Bağlantı İhtiyacı: İnsanlar, diğer insanlarla bağlantı kurmaya doğal bir eğilime sahiptirler. İlişkiler, insanların kendilerini anlaşılmış, kabul edilmiş ve değerli hissetmelerini sağlar.

Duygusal Destek: İlişkiler, duygusal destek sağlar. Sevdiklerimizle duygularımızı paylaşmak ve onlardan destek almak, yaşamın zorluklarıyla başa çıkmamıza yardımcı olabilir.

Sosyal Doğa: İnsanlar, sosyal bir ortamda gelişirler ve kendilerini ifade etmek, başkalarıyla etkileşime girmek ve sosyal becerilerini geliştirmek için ilişkilere ihtiyaç duyarlar.

Dayanıklılık ve Güvenlik: İlişkiler, insanlara güvenlik ve dayanıklılık hissi sağlar. Sevdiklerimizle birlikte olduğumuzda, kendimizi daha güvende hissederiz ve hayatın getirdiği zorluklarla daha kolay başa çıkabiliriz.

Özgüven ve Kimlik Gelişimi: İlişkiler, insanların özgüvenini ve kimliklerini geliştirmelerine yardımcı olur. Başkalarıyla etkileşimde bulunarak, kendimizi daha iyi tanırız ve kişisel gelişimimizi destekleriz.

Anlam ve Amacı Bulma: İlişkiler, hayatımıza anlam ve amaç katar. Başkalarıyla bağlantı kurmak, yaşamın anlamını ve değerini keşfetmemize yardımcı olur.

Mutluluk ve Zevk: İlişkiler, insanlara mutluluk ve zevk getirir. Sevdiklerimizle birlikte vakit geçirmek, keyifli deneyimler yaşamak ve paylaşımlarla güzel anılar oluşturmak, yaşamın tadını çıkarmamıza yardımcı olur.

İlişki kurmak istemenizin altındaki gerçek ihtiyaçlarınızı keşfetmeniz, bağlanma modellerinden hangisine sahip olduğunuz, gerçek benliğinizin yaraları, travmaları neler, nerelerde iyileşmeye ihtiyaç duyuyorsunuz ya da nerelerde güçlüsünüz ve bunu daha parlatmaya ihtiyacınız var sorularının cevaplarına götürecek.

Şimdi lütfen yaz. Sen gerçekten neden ilişki kurmaya ihtiyaç duyuyorsun?

....

....

....

....

....

....

....

....

....

....

....

....

....

İlişki Kurmanın Bireyleşmemiz Üzerindeki Etkisi Nedir?

İlk adımdan sonra ilişkilerimizi daha detaylı analiz edebilmek için ilişkinin bizim hayatımızda, birey olarak var olmamız üzerindeki etkisi nedir? Şimdi buna bakalım.

Burada Lacanian psikolojide "ben" kavramından kısaca bahsetmek istiyorum, en genel haliyle. Lacan'a göre "ben" yani özne, kendisini "ötekinin" aslında annesinin gözünden tanıyan, gören, aynada kendi imgesini başka bir varlık olarak algılamaya başlamadan önce kendisini annesinin devamı kabul eden varlık demek.

Lacan'ın tanımından hareketle aslında hepimiz önce kendi bireyselliğimizi kendimizi ötekinin yani annenin bir uzvu zannederek kuruyoruz. Hayat boyu insan kendinden toplumsal, kültürel öğretiler sebebiyle, çeşitli travmalar sonucu gelişen savunma mekanizmalarıyla tıpkı annesiyle kurduğu bu çarpık ilişki gibi kopuk, kendini bilmeden yaşayıp, kendiyle de bağ kuramadan dünyadan gelip geçiyor.

İlişkide kendimizi tanımak için tıpkı bebeğin annesiyle kurduğu, kendini yok sayarak, annenin devamı gibi yaşanan ilişkiden aynada kendisiyle karşılaşınca ayrışmaya başladığı gibi, kendi kendimize ayna tutacağız.

Kendimize, "Bu ilişki bana ne hissettiriyor?", "Benzer hisleri ilk kez nerede deneyimledim?", "Bu hislerden sonra genelde tepkim nasıl olur?", "İlişkimde aniden tetiklendiğim ya da örselenmiş hissettiğim zamanlar oluyor mu?" gibi soruları ayna yaparak, bulduğumuz cevaplarla yeniden tam bir birey olmak yoluna çıkacağız. Soruların cevaplarını yaz lütfen. Yazmak iyi gelecek *ve iyi olacaksın...*

İlişki (Bağlanma) Modellerini Tanıma

İlişkileri kendimize ayna kılarken belki de karakter kırılması yaşadığımız en büyük an bağlanma modelimizi keşfettiğimiz andır. Nedir bağlanma modeli?

Bağlanma teorisi ya da kuramı, psikolojide bireyin, başka bir kişiden yakınlık bekleme eğilimi ve bu yakınlığa sahip olduğunda kendisini nasıl pozisyonladığına ilişkindir.

Bağlanma güdüsü, bireyin kendisi dışında tanıdığı ilk insan olan annesiyle kurduğu ilişkiden itibaren hayatının diğer tüm alanlarında kendisi dışındaki insanları, öznel ve temel ihtiyaçlarını karşılamaları için araçsallaştırmadan gerçek ve derinlikli bağ kurmasını sağlayan şeydir.

İlk bağlanma deneyimini annemizle yaşıyoruz. Anne tarafından emzirilme, uyutulma, ağladığımızda güvende hissettirilme, bağırdığımızda bizimle ilgilenilmesi yani görülmek, duyulmak gibi en insani ihtiyaçlarımız üzerinden dünyadaki ilk bağımızı annemizle kuruyoruz. Bu bağın nasıl kurulduğu ve devam ettirildiği ilerleyen dönemde bizim kendimizi ve ilişkilerimizi nasıl algıladığımız ve kendimizle ve ötekilerle kurduğumuz ilişkilerimizde hangi davranış örüntülerine sahip olduğumuzu belirliyor. Bebeğin doğumdan sonraki dokuz ayda annesiyle bağlanma davranışı dediğimiz, emzirme, sarılma, dokunma gibi davranışları nasıl deneyimlediği onun bir yetişkin olduğunda ilişkisinde nasıl davranacağını da belirliyor.

Peki ilişkilerimizde kaç çeşit bağlanma modeli var diye bakalım:

Ainsworth Bağlanma Kuramına Göre Bağlanma Stilleri

Bağlanma stilleri, ilişkilerde farklı etkileşim ve davranış biçimleriyle karakterize edilebilir. Erken çocukluk döneminde, bu bağlanma stilleri, çocukların ve ebeveynlerin nasıl etkileşime girdiğine odaklanır. Bu tecrübeler sonucunda oluşan bağlanma biçimleri yetişkinlik döneminde de etkilerini sürdürecektir. Yetişkinlikteyse bağlanma stilleri, romantik ilişkilerdeki bağlanma kalıplarını tanımlamak için kullanılır.

Ainsworth ve arkadaşları bağlanma davranışını anlamak adına 12-18 aylık bebekleri ve bakım verenlerini içeren bir deney yapmıştır. "Yabancı Durumu" adı verilen bu deneyde bebeklerin davranışları ve anne ile duygusal bağı incelenmiştir. Bu deneyde anne ve bebek oyuncaklarla dolu bir odaya girerler ve bir süre sonra odaya bir yabancı girer. Birkaç dakika geçtikten sonra anne, bebeği yabancı ile yalnız bırakarak odadan çıkar. Bu deneyde bebeğin anne odadan çıktıktan ve girdikten sonraki davranışlarını gözlemlemek amaçlanmıştır. Bu deneyin sonunda toplam 4 tür bebek ve bakım veren örüntüsü gözlemlenmiştir. Bunlara bağlanma türleri denmektedir: güvenli bağlanma ve güvensiz bağlanma. Güvensiz bağlanma kendi içinde üçe ayrılır: kaygılı, kaçınmacı ve düzensiz bağlanma.

Güvenli Bağlanma

Güvenli bağlanan çocukların ebeveynleri genellikle çocukları ile daha çok vakit geçirir ve diğer bağlanma stillerine kıyasla çocuğun ihtiyaçlarına daha hızlı yanıt verirler. Güvenli bağlanmış çocuk ebeveyni gittiğinde üzülür ve geri döndüğünde kolayca sakinleşir. Yabancılar yerine ise her zaman ebeveynlerini tercih ederler. Yetişkinlikte ise, uzun vadeli ilişkilere güvenmek, yüksek özgüvene sahip olmak, yakın ilişkilerden keyif almak, ihtiyacı olduğunda sosyal destek aramak ve diğer insanlara duygularını paylaşma yeteneğine sahip olmak gibi özelliklere sahiptir.

Güvensiz Bağlanma

Güvensiz bağlanma biçimleri; kaygılı, kaçıngan ve düzensiz olarak üçe ayrılır.

Kaygılı Bağlanma

Kaygılı bağlanan çocuklar ise yabancılara karşı çok daha şüpheci yaklaşırlar. Bu çocuklar, bir ebeveynden veya bakıcıdan ayrıldıklarında önemli ölçüde tepki gösterirler, ancak ebeveynlerinin geri dönüşüyle rahatlamış görünmezler. Yetişkinler olarak, kaygılı bağlanma stiline sahip kişiler, genellikle başkalarına yakın olma konusunda isteksiz hissederler ve eşlerinin duygularına karşılık vermediğinden endişe ederler. Genellikle ilişkiler onlara soğuk ve mesafeli hissettirdiği için ayrılıklara yol açar.

Kaçıngan Bağlanma

Kaçınmalı güvensiz bağlanan çocuklarda ise ebeveynlerinden kaçınma gözlemlenir. Bu çocuklar ebeveynden gelen bir ilgiyi reddetmeyebilir fakat özellikle aramazlar da. Ayrıca güvenli bağlanma stilinden farklı olarak ebeveyn ve yabancı arasında bir tercihte bulunmazlar. Yetişkinler olarak, kaçınmacı bağlanmaya sahip kişiler, yakın ilişkilerde zorluk çekme eğilimindedirler. Bu kişiler ilişkilere çok fazla duygu yatırmazlar ve bir ilişki sona erdiğinde çok az sıkıntı yaşarlar. Genellikle uzun çalışma saatleri gibi bahaneleri yakınlıktan kaçınmak için kullanırlar. Diğer ortak özellikleri ise stresli zamanlarda eşleri destekleyememe ve onlarla duygu, düşünce ve hislerini paylaşamamadır.

Düzensiz Bağlanma

Düzensiz bağlanma stiline sahip olan çocuklar diğer stillerden farklı olarak açık bir bağlanma stili davranışı göstermezler. Bakıcılara karşı eylemleri ve tepkileri, genellikle kaçınma veya direnme dahil olmak üzere davranışların bir karışımı olarak gözlemlenir. Bu çocuklar, bazen bir bakıcının yanında şaşkın veya endişeli görünen sersemlemiş davranışlar sergiliyor olarak tanımlanabilir. Ebeveynlerin tutarsız davranışlarının, bu bağlanma tarzına katkıda bulunan bir faktör olabileceği düşünülmektedir.

Sen de bağlanma stilini merak ettiysen sana bir günlük tutarak ilişkine ayna olmanı öneririm. Yaşadıklarını yazdıkça sana bağlanma stilin hakkında bilgi verecek olan sensin. Kendini tanı çünkü *iyi olacaksın...*

İlişkilerde İletişim Dili

Gerçek ihtiyaçlarımıza hizmet edecek bir ilişki kurmanın son adımı da, önce kendimizle sonra ötekiyle kurduğumuz ilişkideki iletişim dilini keşfetmek. Hepimizin artık bildiğini varsayıyorum, kelimeler hayatlarımızı şekillendirir. Kelimelerin gücünün ne olduğunu anlamak ve hayatlarımıza şekil vermelerine izin vermek için öncelikle kimin kelimelerini kullandığımızı bilmemiz gerek.

Aslında her birimiz atalarımızın dillerini miras aldık. Adına ister kültür deyin ister eğitim, isterseniz toplumsallaştırma. Bugün olduğunuz kişiye yön veren şey, sizden öncekilerin dili.

Gün içerisinde en çok söylediğiniz şeyi not edin ve bir hafta boyunca bunu yapmaya devam edin. Birinci haftanın sonunda en çok söylediğiniz şeyi işaretleyip bakın.

- *Bu sözün dayandığı düşünce, duygu ne?*
- *Siz bunu kimden miras aldınız?*
- *Anneniz ya da size bakım veren kişiler bu cümleleri sık sık tekrar eder miydi?*

Sizin ilişkide iletişim diliniz, aslında çoğunlukla bakım vereninizin dilidir, sizinle konuşulduğu gibi konuşursunuz. Siz kendi sözlerinizi ne zaman gerçek benliğinizden gelen ihtiyaç ve arzularla harmanlarsınız, o zaman gerçekten size ait bir diliniz olur.

İlişkilerde Duygusal Zekâ, Duygusal Öğrenme ve Farkındalık

Erkekle kadının evliliğinde, çocukluktaki kökler çok etkili olmakta. Kadınlar, gerçekten erkeklerden daha duygusaldır. Kadınlar genelde evliliğe "duygusal yönetici" rolü için hazırlanmış bir şekilde girer. Erkekler ise bu görevin bir ilişkinin yaşatılmasına olan katkısına çok daha az değer vererek başlar.

Daniel Goleman, *Duygusal Zekâ* adlı kitabında ilişkileriyle ilgili hoşnutluk düzeylerini ölçmek için 264 çift üzerinde yapılmış bir araştırmaya yer veriyor. Buna göre, aslında kadınlar için -erkekler için değil- en önemli öğe aralarındaki iyi iletişim hissidir.

Çiftler üzerinde derinlemesine incelemeler yapmış olan, Teksas Üniversitesi'nden Psikolog Ted Huston'un gözlemlerini aktaralım: "Kadınlar için yakınlık bir şeyler konuşabilmek, özellikle de ilişkinin kendisi hakkında konuşabilmek demektir. Kocalar ise genelde eşlerinin kendilerinden ne istediğini anlamazlar. 'Ben onunla bir şeyler yapmak istiyorum, onunsa tek yapmak istediği şey konuşmak' derler."

Kızlar birlikte oynarken husumetin, en az işbirliğinin ise en üst noktada olduğu küçük ve yakın gruplarda, erkekler ise rekabetin vurgulandığı daha büyük gruplarda bulunurlar. Canı yanan bir erkek çocuğun morali bozulursa, onun devam edebilmesi için ortalıktan çekilip ağlamayı kesmesi beklenir. Bu olayın aynısı oyun oynayan bir grup kız arasında olursa, oyun durur ve herkes ağlayan kıza yardım etmek için etrafında toplanır.

Erkekler, yalnızlık, katı bir bağımsızlık ve özerklik ile gurur duyarken, kızlar kendilerini bir bağlantı ağının parçası olarak görür. Yani erkekler kendi bağımsızlıklarına meydan okuyabilecek herhangi bir şeyi tehdit olarak görürken, kızlar daha çok ilişkilerinde bir kopma söz konusu olduğunda kendilerini tehdit altında hisseder.

Bu farklı bakış açılarının anlamı, kadın ve erkeğin konuşma sırasında birbirlerinden farklı şeyler istemesi ve beklemesinde yatar. Erkekler söz etmekle yetinirken, kadınlar duygusal bağlantı arar.

Duygusal öğrenmedeki bu farklılıklar çok farklı becerilerin oluşmasına yol açar. Kızlar sözlü ve sözsüz duygusal işaretleri okuma, hislerini ifade etme ve iletmede ustalaşırken; erkekler, incinebilirlik, suçluluk, korku ve acı ile ilgili duygularını en aza indirmekte beceri sahibi olur.

Bu farklı tutumların bilimsel literatürde çok kuvvetli kanıtları vardır. Örneğin yüzlerce çalışmada, en azından birisinin sözle ifade etmediği hislerini yüz ifadesinde, ses tonunda ve diğer sözsüz işaretlerden okuma yeteneğiyle ölçülen *empati* bakımından, kadınların erkeklerden genellikle daha ileride oldukları bulgulanmıştır.

"Çevrenize bir bakın.
Hatta kendi ailenize bir bakın.
Bir boşanma yaşayan, çocuktan,
aileden ya da bozulmuş bir
'ilişkiden' soğuyan biri, size derin
acılardan, derin korkulardan söz
edebilir. Bu tür olayların, insanların
üzerinde, Hollywood'un size
hiç bahsetmediği uzun süreli
sonuçları vardır."

– Stephen Covey

Farkındalık tipleri dört düzeyde ele alınabilir.

Fiziksel Farkındalık - Duyusal Algılar: a. duyma b. görme c. dokunma d. koklama e. tatma. Örneğin: Bir baş ağrısı.

Duygusal Farkındalık: Örneğin; depresyon, duygusal olarak çöküntü yaşamak. Fiziksel baş ağrısı bunlara neden olabilir!

Zihinsel Farkındalık: Sezgisel bilgi edindiğimiz bilinç halidir (imgelem gücü, fanteziler, düşünceler). Yansıtma yaptığımız içsel sesler, görsel imgeler, duyu ötesi algılar. Düşüncelerimiz güçlüdür. Eğer olumsuz düşünceler üretirsek (baş ağrısına neden olabilir) kendimizi sınırlamış hatta kendimize fiziksel ve duygusal açıdan kötülük yapmış oluruz.

Ruhsal Farkındalık: Fiziksel, duygusal ve zihinsel işlevler uyum içinde çalıştığında, ruhsal farkındalık gelişir.

Ruhsal farkındalığımız geliştiğinde de diğer üç işlev olumlu bir şekilde birlikte çalışır. İçimizde tam bir sağlık ve denge yaratır.

Görselleştirme yoluyla zihnimizi, beden ve duygularımızı dengelemede yardımcı olarak kullanabiliriz.

Kendimizi mutlu hissettiğimizde hem fiziksel hem de zihinsel olarak kazanç sağlarız.

Bütünsel çalışmayla düzeyler olumlu olarak bütünleşir.

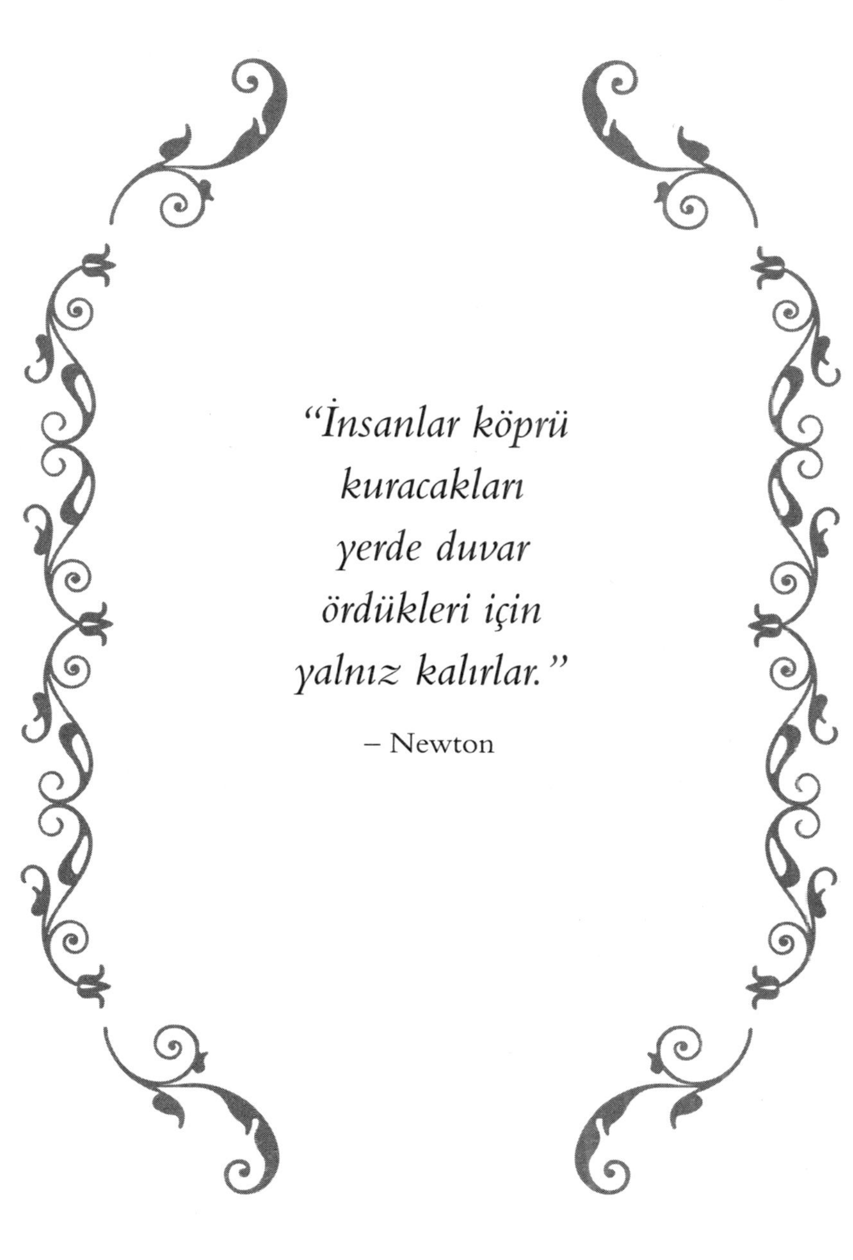

"İnsanlar köprü
kuracakları
yerde duvar
ördükleri için
yalnız kalırlar."

– Newton

Yeniden Başlat

"Ne zaman ki güçlü olmak, tek çare olarak kalır; o zaman anlarsın ne kadar güçlü olduğunu."

– Bob Marley

Dünün hatalarını bugün tamir edip yarına daha güzel bir gelecek bırakabilirsin... Her şey senin elinde... Gün içerisinde binlerce düşünce geçiyor zihin alanından ve bunların çoğu bir sonraki güne aktarılıyor. Sürekli olarak dünden şikâyet ediyorsan artık tamamen yüzleşme zamanın gelmiş ve geçiyor demektir.

İnsan kendine en büyük kötülüğü kendini zerre kadar umursamadan, anlamadan, fark etmeden yapabiliyor. Kendi değerini hiçe sayıp, varlığını görmezden gelip fütursuzca suçluyor kendini... Halbuki en derin yaraların sahibi kendiyken, kendini bu kadar anlamsızlaştırması ve yok sayması en büyük bırakıştı.

Biraz dikteli cümleler olduğunun farkındayım. Çünkü mazeretlerimiz her anımızı kaplamış durumda. O kadar çok inanmış durumdayız ki sınırlı olduğumuza her an durmadan mazeret üretiyoruz. Ben buna mazeret hastalığı ifadesini yakıştırıyorum.

- *Bugün kendimi iyi hissetmiyorum!*
- *Ama eğitimim yetersiz!*

- *Ben teknoloji özürlüyüm, beceremem ki!*
- *Bu işi yapmak için yeterince genç değilim!*

Birçok konuda mazeret üretebilirim. Buradaki gerçeklik kendimizi ve zekâmızı hafife alıyor oluşumuzda. Aslından hepimiz yüksek potansiyelli varlıklarız ve sürekli üretebilen, zorlukların da üstesinden gelebilen tüm potansiyele sahibiz. Kendimize duyduğumuz o acıma duygusu ve kurban bilincimiz bizi birçok konuda mazeret hatası yapıyor. Tüm olumsuz ve baskılanmış duygular yıkıcı ve hasta edicidir. Kaçınılmaz sondur başarısızlık, bunun bir adım ötesi dahi yoktur. Hayatınızda daha sağlıklı, daha başarılı, daha zengin, daha saygın, daha şanslı olmak istersiniz ama ayaklarınızda mazeret hastalığınız öyle büyük bir bağdır ki bir türlü fark etmezsiniz.

Bir anlığına düşünmenizi istiyorum sizden... Bu âlemde tüm gücünüz ve potansiyelinizle mazeret hastalığınızla hiçbir şey yapamazken, ruhunuz, bedeniniz ve zihninizde var edeceğiniz tüm pozitif olasılıklarla yeni başlangıçlara adım atabilirsiniz. Ve bu çok sağlıklı... İnancınızı geliştirmeyi seçtiğiniz an duygusal doğanız, ruhsal doğanıza kontrol mekanizmanızla ilintili olarak komut verecek, siz duygularınızı kontrol etmeye başladığınızda bedeniniz size eşlik edecektir.

- *Bugün harika bir gün...*
- *Bugün yeni neler öğrenebilirim?*
- *Vay! Teknoloji ne kadar ilerlemiş, şunu denememde fayda var...*
- *Her zaman hissettiğim yaştayım, ben sağlıklı ve dinç bir bedene sahibim.*

Kendi kendinizin zorbası olmadan her ne tepetaklak olduysa yeniden başlamaya varsın, biliyorum... Buna karar verdin. Sen mazeret hastalığını bir süs bebek gibi bir köşeye bırakacaksın ve her nerede, ne yaşadıysan bugün miladın olarak koy noktayı. Bugün senin yeniden başladığın gün, yeniden doğduğun ve yeni yeniden dediğin gün olsun...

Kendine söz ver. Başka hiç kimseye değil sadece kendine...
İyi olacaksın.

"İnsanın
en zorlu
düşmanı, kendi
zayıflığıdır."

– Platon

Büyük Düşünmenin Gücü

Muhammed Ali'nin hayatı gelir hep aklıma... Kendinden emin ve net... Şu sözleri beni etkiler... Sendeki yansıması nasıl olacak kim bilir:

"Bakışlarım size asla yalan söylemez.
Eğer yalnızca bir tane şampiyon olacaksa, bu benden başkası olamaz.
Bana sadece iyi olduğumu söylemeyin.
Çünkü ben en iyiyim. Ben en iyisinin de iyisiyim.
Bütün dünyaya haykırmak istediğim şey bu.
Şampiyon benden başkası olmayacak.
Bütün rakiplerime söyleyin.
Eğer korkuyorlarsa, hiç çıkmasınlar karşıma.
Kazansın ya da kaybetsinler.
Ama mutlaka bir şampiyon gibi dövüşsünler.
Çünkü korkaklarla asla işim olmaz benim.
Eğer korkuyorsan, bittin demektir.
Ya kahramanca savaş ya da çek git.
Çünkü ben bir kelebek gibi uçarım.
Ve yumruğum bir arının iğnesi gibi batar.

Henüz vaktin varken git dostum.

Kaybetmenin acısı, yumruğumdan daha dayanılmazdır.

Eğer kazanacağımı bilmiyorsam, asla ringe çıkmam.

Bana iyi olduğumu söyleyip durmayın, çünkü ben en iyisiyim.

Çünkü ben en iyinin de iyisiyim.

Eğer benim gözlerime korkusuzca bakamıyorsan, kaybettin demektir.

Gözlerime asla korkusuzca bakamazsın.

Çünkü benim gözlerim, bu dünyadaki bütün gözlerden daha korkusuzca bakar.

Zorluklar beni asla yıldıramaz, çünkü ben imkânsıza bayılırım.

Eğer en iyi değilsem, hiçbir şey değilim demektir.

Eğer kaybedeceksen bile, bir şampiyon gibi kaybet.

Çünkü ringe çıktığında karşında bir şampiyon göreceksin!"

Muhammed Ali bu motivasyona nasıl sahip oldu sence? Çocukluğunda yaşadığı ötekileştirmeler, karşılaştığı ırkçılık ve nice aile kökünde de var olan türlü hadiseler onu hayallerine kavuşmaktan alıkoymadı. O hedefine adım adım ilerledi. Motivasyonunun yüksekliğine hayran olmamak elde mi acaba?

Demem o ki: Yapabilirsin...

Yeter ki başarmak iste. Yeter ki gerçekten iste.

Zor yok, kargaşa yok...

Bazen zihnin manipülatör olarak işbaşı yapacak. Zihni susturmak veya zihinsel gürültüyü azaltmak, zihinsel huzur ve odaklanma sağlamak için önemli bir beceridir. Zihninizi susturmak için önerileri hayatına al lütfen...

Meditasyon: Meditasyon, zihni sakinleştirmek, düşünceleri yavaşlatmak ve iç huzuru sağlamak için etkili bir yöntemdir. Düzenli meditasyon pratiği, zihinsel gürültüyü, kargaşayı, stresi azaltmaya ve daha derin bir farkındalık haline gelmeye yardımcı olabilir. Nefes farkındalığı, sessizlik meditasyonu gibi farklı meditasyon tekniklerini deneyebilirsiniz.

Farkındalık Uygulamaları: Günlük yaşamınızda farkındalığı artıran uygulamalar yapabilirsiniz. Örneğin, farkında yeme, farkında yürüme veya farkında nefes gibi aktivitelerle zihni şimdiki anın deneyimine yönlendirebilirsiniz. Bu tür uygulamalar, zihni mevcut anın farkındalığına getirir ve zihinsel gürültüyü azaltır.

Doğa ve Sakinlikle Bağlantı: Doğada zaman geçirmek ve sakin bir ortamda bulunmak, zihni sakinleştirmenin etkili yollarından biridir. Doğa yürüyüşleri, bahçe işleri yapma, ormanda dolaşma gibi etkinliklerle zihni doğal çevrenin içinde huzurlu bir şekilde dinlendirebilirsiniz.

Günlük Ritüeller ve Kendine Zaman Ayırma: Günlük ritüeller oluşturmak ve belli bir zaman dilimini sadece zihni dinlendirmeye ayırmak da zihni susturmanın bir yoludur. Örneğin, sabahları sessiz bir şekilde kahve içmek, günün başlangıcında meditasyon yapmak veya akşam rutininde rahatlama teknikleri uygulamak gibi ritüeller oluşturabilirsiniz.

Derin Nefes Almak ve Nefes Farkındalığı: Derin nefes almak, zihni sakinleştirir ve zihinsel gürültüyü azaltır. Stres ve yorgunluğa iyi gelir. Farkında nefes uygulamalarıyla nefesinizi izleyerek, zihninizi şimdiki anın deneyimine yönlendirebilirsiniz. Dikkatinizi nefesinize odaklayarak zihinsel gürültüyü yavaşlatır ve sakin bir zihin haline geçiş yapabilirsiniz.

Ve en büyük adımı büyük düşünerek atın.

Büyük düşünün.

Düşünün, *sınırlarınızın ötesine geçin.* Kafanızdaki engelleri aşın ve kendi potansiyelinizin sınırlarını zorlayın. Sadece mevcut durumunuzu değil, geleceğinizi de görmeye cesaret edin. Büyük düşünmek, ufuklarınızı genişletmenin anahtarıdır.

Düşünün, *korkularınızı yıkın.* Korkular sadece zihnimizi ve kalbimizi daraltır. Cesurca ilerleyin ve korkularınızı geride bırakın. Büyük düşünmek, korkularınızla yüzleşmenizi ve onları aşmanızı sağlar. Yenilmez bir ruhla ilerleyin ve hayallerinizin peşinden gidin.

Düşünün, *engelleri aşın.* Engeller sadece geçici duraklardır. Onları aşmanın yolu, cesurca adımlar atmak ve kararlılıkla ilerlemektir. Büyük düşünmek, karşınıza çıkan her engeli bir fırsat olarak görmeyi öğrenmenizi sağlar. Engelleri aşın ve hayatınızda yeni kapılar açın.

Düşünün, *geleceği şekillendirin.* Bugün attığınız her adım, yarınınızı belirleyecektir. Büyük düşünmek, geleceğinizi planlamanızı ve hedeflerinize odaklanmanızı sağlar. Hayal gücünüzü kullanarak, kendi kaderinizi şekillendirin ve istediğiniz hayatı yaşayın.

Düşünün, *ilham olun.* Büyük düşünceler, büyük başarıların temelidir. Çevrenizdeki insanlara ilham verin ve onları büyük düşünmeye teşvik edin. Kendi hayatınızda büyük bir değişim yaparak, başkalarının da hayatlarını dönüştürmelerine yardımcı olun.

Büyük düşünmenin gücünü ele almak, sadece sınırlarımızı zorlamakla kalmaz, aynı zamanda hayatımızı dönüştürmek için gereken motivasyonu da sağlar. Büyük düşünmenin gücü, bizi hedeflerimize ulaşmaya teşvik eder. Büyük düşünme, korkularımızı aşmamızı ve hayal gücümüzü kullanarak hayatımızı daha iyi bir hale getirmemizi sağlar. Büyük düşünme, bize ufuk açar ve bizi başarıya doğru yönlendirir. Büyük düşünme, bizi hedeflerimize ulaşmaya, potansiyelimizi gerçekleştirmeye ve en iyi versiyonumuzu ortaya çıkarmaya teşvik eder. Bu nedenle, hayatınızda büyük düşünmeye cesaret edin ve sınırlarınızın ötesine geçin.

Unutmayın, *büyük düşünceler, büyük başarıların temelidir.*

Avucundaki Kelebek

"Yavaş yavaş ölüyoruz" dedi kaplumbağa. "Haklısın" dedi kelebek. "Ne uzun bir gün."

– Nafer Ermiş

Kelebeğin öyküsünü bilir misiniz? Kozadan çıkınca kanatları olduğunu fark eder ve kanat çırpmaya başlar. O kadar güzeldir ki uçmak. Deredeki kurbağalara bakar, artık onlardan korkması gerekmiyordur, çünkü uçarak onlardan kaçabilir. Kanatlarını çırpar ve ormanın derinliklerine doğru yol almaya başlar.

Çiçek özleri içer ve diğer böcekler ile muhabbet eder. Ama bir şey onu ormanın daha derinliklerine çeker. Sonunda bir şelalenin kenarına varır. Harika bir manzara vardır. Doğa muhteşem der. Kelebek olduğu için şükreder. Tırtıl iken hayat ne zordur.

Etrafına bakınır ve onu görür. Hayatına anlam katacak kelebeği. Ona doğru uçar. Arkadaş olurlar ve gün boyu birlikte dolaşır ve eğlenirler. Akşam olunca içindeki ses "onu sevdiğini söyle" der. Kelebek niyetlenir ama bir türlü söyleyemez. En son içindeki ses güçlü bir dürtüyle "Söyle hadi" der. O da şöyle der: "Yarın söylerim yarın." İçindeki ses "Peki..." der. "Sen bilirsin." Ve susar...

Yetmez... Daha dikkatli oku canım cevherim...

Kartalın Yeniden Doğuşu

Kartal, kuş türleri içinde en uzun yaşayanıdır. Yetmiş yıla kadar yaşayan kartallar vardır. Ancak bu yaşa ulaşmak için, kırk yaşlarındayken çok ciddi ve zor bir kararı vermek zorundadır.

Kartalın yaşı kırka dayandığında pençeleri sertleşir, esnekliğini yitirir ve bu nedenle de beslenmesini sağladığı avlarını kavrayıp tutamaz duruma gelir. Gagası uzunlaşır ve göğsüne doğru kıvrılır. Kanatları yaşlanır ve ağırlaşır. Tüyleri kartlaşır ve kalınlaşır. Artık kartalın uçması iyice zorlaşmıştır. Dolayısıyla kartalın burada iki seçimden birisini yapması gerekir. Ya ölümü seçecektir ya da yeniden doğuşun acılı ve zorlu sürecini göğüsleyecektir.

Bu yeniden doğuş süreci yüz elli gün kadar sürecektir. Bu yönde karar verirse kartal bir dağın tepesine uçar ve orada artık uçmasına gerek olmayan bir yerde kalır. Bu uygun yeri bulduktan sonra kartal gagasını sert bir şekilde kayaya vurmaya başlar. En sonunda kartalın gagası yerinden sökülür ve düşer.

Kartal bir süre yeni gagasının çıkmasını bekler. Gagası çıktıktan sonra bu yeni gaga ile pençelerini yerinden söker, çıkarır. Yeni pençeleri çıkınca kartal bu kez, eski kartlaşmış tüylerini yolmaya başlar. Beş ay sonra kartal, kendisine yirmi yıl veya daha uzun süreli bir hayat bağışlayan meşhur yeniden doğuş uçuşunu yapmaya hazır duruma gelir.

Kendi hayatımızda sık sık, bir yeniden doğuş süreci yaşamak zorunda kalırız. Zafer uçuşunu sürdürmek için, bize acı veren eski alışkanlıklarımızdan, geleneklerimizden ve hatıralarımızdan kurtulmak zorundayız. Ancak bu şekilde yeniden doğuşumuzun getireceği olağanüstü sonuçlardan tam olarak yararlanabiliriz.

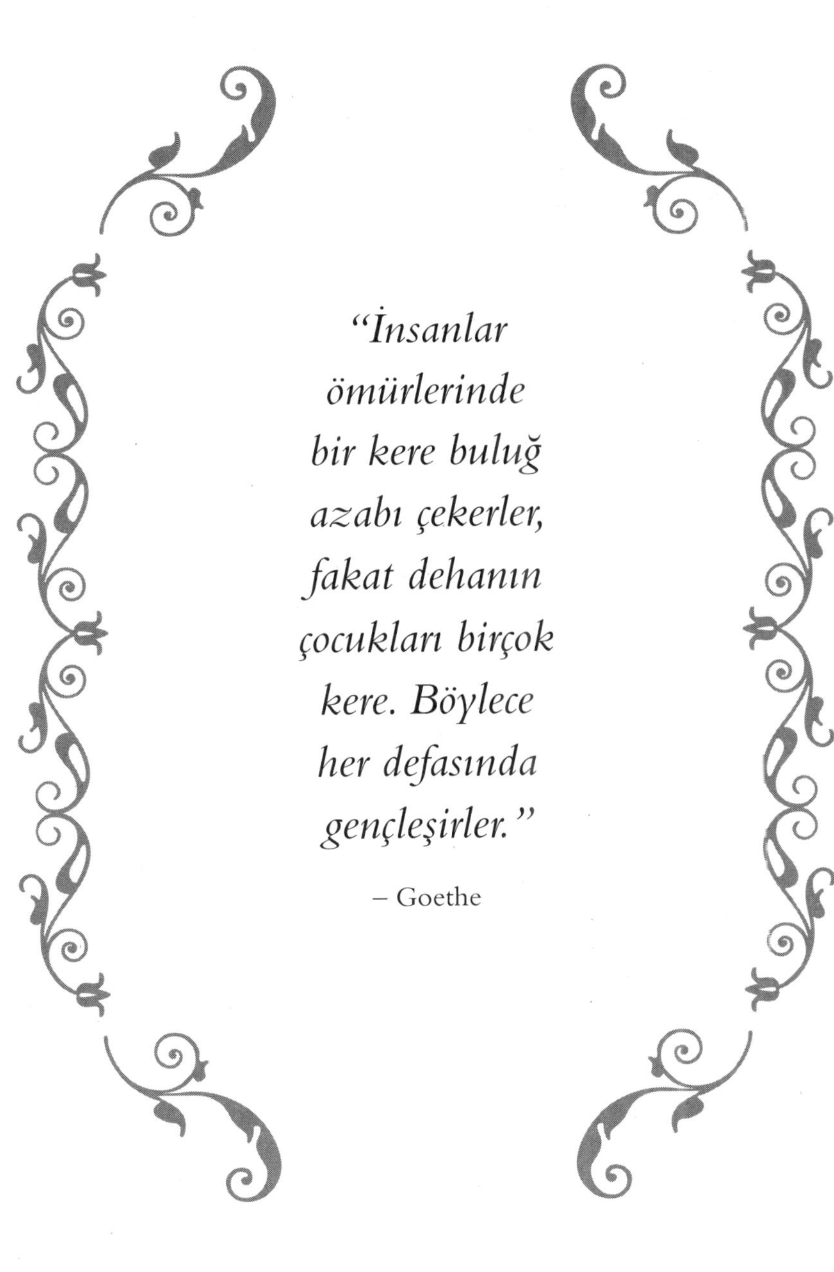

"İnsanlar
ömürlerinde
bir kere buluğ
azabı çekerler,
fakat dehanın
çocukları birçok
kere. Böylece
her defasında
gençleşirler."

– Goethe

Yanlış Sorunun Doğru Cevabı Olmaz

Ne zaman ki doğru soruları sormaya başlarız o zaman gerçekten aydınlanmayı tam manasıyla yaşarız. Yaşanan onlarca konu üzerinde kendimizi binlerce kere suçladık ve yıkımlara sebep olduk. Yaşamın doğasında yol alabilmemiz için sorulara ihtiyacımız var. Örneğin bir işe kalkışmam gerekiyor, bununla alakalı planlama yaparken hedefime odaklı doğru soruları kendime sormalıyım, aksi takdirde hedefimden sapıp yanlış sorunun yanlış yönlendirmesiyle kendi kendimin kurbanı olurum. Aklınıza şu gelebilir. Her doğru sorunun her zaman doğru cevapları olmayabilir. Evet, doğru. Her zaman doğru cevaplar gelmez ama gelen yanlış cevap belki de gitmek istediğimiz yolun bize faydasının olmayacağını gösterecektir. Dolayısıyla yanlış sorunun doğru cevabı olmayacağı gibi doğru sorunun da amaca, hedefe, niteliğe, harekete geçirmeye, yeni bakış açıları kazandırmaya yönelik olması gerekmektedir. Kişisel gelişiminize ve hayatınıza dair sorularınızı güçlü ve doğru sorarsanız kendinize uygun olan en güzel yolları oluşturabilir, seçebilirsiniz.

Bilinçaltı sistemimizin bu yolları inşa etme kısmında inanılmaz becerikli, bu beceri ve kabiliyeti sayesinde birçok konuda danışmanlığına başvuru yapabileceğinizi unutmayın. Bilinçaltının kehanetleri gerçekleştirebilme potansiyeli var, dolayısıyla siz doğru sorularla sorup doğru cevapları kendinize verebilirsiniz.

Size biraz önerge niteliğinde bazı soru kalıpları bırakmak istiyorum... Hatta şunu yapalım... Bir plan içerisindesiniz. Hadi gelin bu planlamayı yaparken kendimizi bütünüyle ele alalım. Hatta bu planlamada bizi engelleyen sınırlayıcı bir negatif kodumuz varsa bilinçaltımızda onu da dönüştürelim... Ne dersiniz? Hadi başlayalım...

Önce hedefinizi planlayın... Ne yapmak istiyorsunuz? Yeni bir iş, yeni bir ilişki, yeni bir öğrenim alanı vs. Belirlediğiniz hedefle alakalı vizyonunuzu ve misyonunuzu ortaya koyun. Değerlerinizin ve önceliklerinizin belirlenmesi aşamasına geçebilirsiniz. Hedef, vizyon, misyon, değerler ve öncelikler hakkında geniş bilgiyi *Rota Hesaplanıyor Kendine Dönüş Başladı* kitabımda bulabilirsiniz.

Hedef belli, vizyon ve misyon ortaya koyuldu ve uygun. Değerlerim, önceliklerim de belli, şimdi sıra geldi doğru hedefte miyim?

- *Hedefinizi nasıl daha açık, net ve ölçülebilir hale getirebilirsiniz?*
- *Hedeflerinize ulaşmanın yaratacağı en büyük etki ne olurdu?*
- *Hedefiniz ölmeden önce yapmak istediğiniz şeylerden biri mi?*
- *Şu an hedeflerinizi başarmaya kendinizi adamak için doğru zaman mıdır?*
- *Gerçekten, gerçekten ne istiyorsunuz?*
- *Hayat tarzınızda, size biraz daha huzur getirecek hangi değişimi yapmak isterdiniz?*

Şimdi ikinci aşamaya geçeceğiz... Sorularınızı cevaplarken açık ve net ifadeleri kullanmayı lütfen ihmal etmeyin... Hareket zamanı... Harekete geçmek için yönelmeniz gereken sorular.

- *İlk adım/bir sonraki adım nedir?*
- *İlk (veya bir sonraki) adımı bulmak için yapmanız gereken araştırma nedir?*
- *İhtiyacınız olan bilgiyi nasıl temin edebilirsiniz?*
- *Bu haftaya anlam katacak, harekete geçeceğiniz üç konu ne olabilir?*
- *1'den 10'a giden bir ölçeğe göre cevap verirseniz, bu konular hakkında harekete geçmek sizin için ne kadar önemli?*

....

....

....

....

....

....

....

....

....

Bir sonraki aşamaya geçmeden belki de farklı ve yeni bakış açıları geliştirmen gerekebilir. Onun için tam da bu noktada bir ara verip yeni bakış açıları kazanmak adına kendimize bazı sorular soralım.

- *Hayatınızda daha çok zevk alarak yapabileceğiniz şey/şeyler nedir?*
- *Siz kendi koçunuz olsaydınız, kendinize ne önerirdiniz?*
- *Mevcut davranışınızın değeri nedir?*
- *Kendinizi ve hedeflerinizi sabote etmek için en sık kullandığınız yol nedir?*
- *Kendinizi sabote ederken yakaladığınızda kendinize ne söylemek isterdiniz?*

....

....

....

....

....

....

....

....

....

Güzel... Geldiğimiz noktada birçok sorunun cevabını almış olmanız gerekiyor. Kafanızda ve gerçek olarak adımlar netleşmiş olmalı... Hâlâ bir yerlerde eksiklik var diyorsan genişletilmiş karışık sorular yazıyorum şimdi sana... Olur ya hedefte sapma oldu, değerler değişti vs... bu sorular birçok konuda sana yardımcı araç olacak.

- *Eğer hayatını doyasıya yaşaman mümkün olsaydı, ilk neyi değiştirmekle başlardın?*
- *Hayatında göz yumduğun veya katlandığın neler var?*
- *Düzenli olarak yaptığın halde sana bir şey katmayan, amacına hizmet etmeyen üç şey nedir?*
- *Şu anda hayatında en büyük değişimi yaratacak ne üzerinde çalışabiliriz?*
- *Bu konu hakkında kiminle konuşabilirsin? Bu konuda seni kim aydınlatabilir?*
- *Bu konuda hiçbir şey yapmazsan ne olur? (Hiçbir şey yapmamanın sana bedeli ne olur?)*
- *Hangi açıdan bakıldığında bu durum harika sonuçlar getiriyor?*
- *Tüm bu durumu en hızlı şekilde değiştirip ondan nasıl keyif alabilirsin?*
- *Bu durumda şükredecek ne bulabilirsin?*
- *Neyi iyi yapıyorsun? Neyi daha iyi yapabilirsin?*
- *Hayatında göz yumduğun veya katlandığın neler var?*
- *Hangi açıdan bakıldığında bu durum harika sonuçlar getiriyor?*

- *Tüm bu durumu en hızlı şekilde değiştirip ondan nasıl keyif alabilirsin?*
- *Bu durumda şükredecek ne bulabilirsin?*
- *Neyi iyi yapıyorsun? Neyi daha iyi yapabilirsin?*

Ve cevherim... Sen hep *iyi olacaksın...*

Önündeki Engel: Erteleme

Günümüzün en yaygın sorunu haline gelen erteleme ve zaman yönetimi başladığı işi bitiremeyen, aksiliklerle sürekli boğuşan, zamanını yettiremeyen, bugünün işini yarına bırakan varlıklar haline dönüşmeye başladık ki bu çok can sıkıcı... Evet evet katılıyorum bu çok can sıkıcı...

Bazen bilerek ya da bilmeyerek benim de başıma geliyor, özellikle zamanı yetiremediğim, günün işlerini bitiremediğim, ertesi güne bıraktığım hatta ve hatta sonraki günlere aksattığım bir sürü iş planlaması ile yüz yüze kaldığım zamanlar oldu... Erteleme ertelemeyi getiriyor. Erteledikçe önümüzdeki engel gittikçe büyüyor ve siz dağ gibi olan bu engeli aşmakta gerçekten zorluk çekiyorsunuz. Geçtiğimiz dönemlerde Elon Musk'ın Zaman Yönetimi Metodu Timeboxing yani "Kısıtlı Zaman Tekniği" diye nitelendirdiği bir sistemle karşılaştım ve bu sistemi hayatıma almaya karar verdim. Bu tekniği Parkinson Yasası ile harmanlayınca harika sonuçlar elde ettim.

İlk başlarda uygulamakta biraz zorlandım çünkü erteleme ertelemeyi getirdiği için alışkanlık haline gelmişti, dolayısıyla bunu belli bir düzene oturtmak için zihninizin de sakin ve dengede olması gerekiyordu.

Öncelikle işe şöyle koyuldum, ertelememe sebep olan inanç kalıplarım nelerdi bunları gözlemlemeye başladım, kendime sorular sordum.

- Başladığım işi bitiremezsem ne olur?
- Başladığım bu işi bitirdiğimde başarısız olursam ne olur?
- Başladığım işin sonucunda kendimi motive hissetmezsem ne olur?

Bu gibi sorularla hemhal olmaya başladım. Bu sorulardan yola çıkarak inanç sistemlerime kadar indim, fark ettim ki inanç sistemleri beni sınırlayan negatif bilinçaltı kodlarım yoktu ama ertelemeye devam ediyordum, o zaman *şimdi karar vakti* deyip bu andan itibaren *ertelemeye son* dedim ve az evvel bahsetmiş olduğum tekniği uygulamaya başladım...

Sizler de kendi yaşamınızda erteleme ve zaman yönetimi ile alakalı problem yaşıyorsanız benim yaptığım gibi basiti yalın adımları tercih edebilirsiniz... Tabii ki olmasın ama olur ya kendinizde negatif bir inanç sistemini fark ettiğinizde bu duyguları dönüştürmeniz gerekiyor, negatif inanç sistemlerinizi pozitif inanç sistemleri ile yer değiştirmelisiniz yani bilinçaltınızı tamamıyla yenilemelisiniz...

Daha önce yazmış olduğum her iki kitabımda da kök inançları nasıl dönüştüreceğinize dair birçok teknik ve bilgi mevcut...

Peki nedir bu "Timeboxing" yani Kısıtlı Zaman Tekniği?

Timeboxing mantığı "Parkinson Yasası'na" dayandırılan bir zaman yönetimidir. Parkinson Yasası, bir işin bitirilmesi için ayrılan süre kadar o işin uzadığını savunur. Timeboxing de bu felsefeyi destekleyerek, belirli bir görevi bitirmek için takvimde sabit bir süre ayarlama metodu olarak karşımıza çıkar.

Bu yöntemi daha anlaşılır kılmak için sınav haftanızı, proje teslim gününüzü veya toplantınız için sunum hazırlamanız gereken zamanları düşünebilirsiniz. Bu gibi önemli günlerin son teslim tarihleri haftalar, hatta belki aylar öncesinden belirlenir.

Ancak, çoğunlukla son gecenin işin bitirilmesi için kullanıldığını görürüz. Böyle zamanlarda bir işi kısıtlı bir süreye sıkıştırdığımızda stresimiz de aynı derecede artar. Bu gibi durumlarda Timeboxing metoduna başvurmak sizin için faydalı olacaktır.

Timeboxing Ne İşe Yarar?

Timeboxing, gerçekten sevmediğiniz veya başka bir nedenle ertelediğiniz görevleri bitirmenize yardımcı olur ve programınız üzerinde kontrol sahibi olmanızı sağlar. Ayrıca üretkenliğinizin artmasına ve görevlerinizi önceliklendirerek sıralamanıza yardımcı olur. Uzunca bir süre başlamak istediğiniz, ama bir türlü o sihirli adımı atamadığınız işlerinize başlamanızı sağlar. Belirli bir süre bu tekniği kullandıktan sonra kendinizi ve iş bitirme sürenizi analiz edebilirsiniz. Böylece bir işi ne kadar sürede bitirdiğinize bakabilirsiniz ve en üretken hangi zaman aralığında çalıştığınızı tespit etmiş olursunuz.

Timeboxing Nasıl Uygulanır?

Timeboxing yöntemi doğru bir şekilde uygulandığında oldukça verim alınan bir yöntemdir. Bu yöntemi uygulamak için öncelikle bazı adımların tamamlanması gerekir.

> ***Görevlerinizi Belirleyin:*** İlk adım olarak yapmanız gereken şey tüm görevlerinizi listelemektir. Hangi işlerinizi bu zamana kadar ertelediniz? Hangi işler öncelik gerektiriyor? Kendinize bu soruları sorarak tüm görevlerinizi listeleyebilirsiniz. Böylece, tüm görevlerinizi bir yere yazarak sonradan unutmanın önüne geçebilirsiniz.

Görevlerinizi Önceliklendirin: Görevlerinizi belirledikten sonra onlarla ilgili tüm gerçekleri göz önünde bulundurmalısınız. İşlerinizin bitmesi için ne kadar süre gerektiğini ve bunların öncelik sıralarını tespit etmelisiniz. Bu adımı uygularken son teslim tarihi gibi önemli noktalara dikkat etmeyi unutmamalısınız. Görevlerinizi önceliklendirerek yapılması gereken acil işlerinizi son güne kadar ertelemeden yapabilir ve sonrasında stressiz bir gün geçirebilirsiniz.

Günlerinizi Planlayın: Son adım olarak görevlerinizi zaman bloklarına ve günlere yerleştirmelisiniz. Eğer uzun süreli bir işiniz varsa bunu birkaç zaman blokuna ayırabilirsiniz. Bu sayede gözünüzü korkutan görevlere küçük bir adımla başlayabilirsiniz. Bu durum daha iyi hissetmenizi ve bazı şeyleri gözünüzde fazla büyütmemeniz gerektiğini anlamanızı sağlayacaktır.

Takviminizi doldururken dikkat etmeniz gereken bir diğer nokta ise her günü ve her zaman aralığını doldurmamak. Böylece beklenmedik acil durumlara karşı hazırlıklı olursunuz. Eğer ajanda tutmayı sevmiyorsanız, çevrimiçi Timeboxing uygulamaları size eşlik edebilir. Uygulamalar günleri ve zaman bloklarını oluşturmanızı destekliyor. Ayrıca, görevlerinizin başlangıç ve bitiş zamanları geldiğinde bildirimler göndererek programınıza sadık kalmanızı sağlıyor.

Her Şeyi Düşün/me

"Beynim bir sünger gibi olsaydı
arada bir çıkarıp sıkmak isterdim."
– Abraham Lincoln

Hayatın değeri, anların toplamıdır. Geçmişte yaşanan acıları veya gelecek kaygılarını düşünmek, bugünün değerini göz ardı etmemize neden olabilir. Ancak gerçek mutluluk, şu anı yaşamaktır. İçsel huzur ve tatmin, anın tadını çıkarmakla başlar. Hayatın zorlukları, bizim potansiyel gücümüzü ortaya çıkarmak için bir fırsattır. Korkularımızla yüzleşmek ve onları aşmak, gerçek bir cesaretin işaretidir.

"Anladım ki bütün bu yolculuk, kendimden kendime imiş..." der Muhyiddin İbni Arabi

Yolculuk senden sana...

Belki şu anda, yolculuğun sevgi ile ilgili değildir. Belki de yolculuğun şu anda, seninle ilgilidir. Belki de bu dönem kendi kurtarıcın olmak, kendin için kendine meydan okuduğun dönemdir. Belki şu anda senden uzaklaşan insanların seni sadece kendine, aynı yere, yine sana getirdiğini hatırlıyorsundur... Ve burada kendi başına iyisin. Kendini yeniden inşa ediyorsun. Burada uyarlıyor, onarıyor ve gitmesine izin verdiğin tüm parçaları geri alıyorsun. Burada ruhuna daha nazik daha sakin davranıyorsun. Her zaman başkalarına verdiğin sevgini, kendine de veriyorsun. Burada kalbini aceleye getirmiyorsun. Kalbini onarmak için başka bir insana ihtiyaç duymuyorsun. Bunun yerine burada, bunu kendi başına yapıyorsun. Burada iyileşiyorsun. Onun için her şeyi düşün/me... Sakinlik, aklıselim, sevgi merdivenlerini inşa ederken önce yolu kendinden kendine döndür der. Her şeyin kaynağı, temeli sevgi ve özgürlüktür. Her şeyi düşünür, her şeyi anlamlandırmaya çalışırsan kendine en büyük eziyeti yapmış olursun. Ve sen bunu asla hak etmiyorsun.

Şems-i Tebrizi diyor ya hani:

"Anladım ki insanlar
Susanı korkak
Görmezden geleni aptal
Affetmeyi bileni çantada keklik sanıyorlar...
Oysaki ben:
İstediğim kadar hayatımdalar.
Göz yumduğum kadar dürüst
Ve sustuğum kadar insanlar..."

Bunun farkında olarak yolunu devam ettir. Yere düştün diye her şey bitti mi sandın?

Sen odaklan, üret ve harekete geç.

Odaklan, üret, harekete geç...

Şimdi derin bir nefes al, nefesini sakince bırakırken negatif yükleri serbest bırak ve niyetini sesli bir şekilde hissederek oku lütfen...

"Şu andan itibaren tekâmülüme katkı sağlayan olayların içindeki gerçekliği görmeyi, kişilerin rollerini anlamayı seçiyorum. Bana zarar veren, artık yaramayan ve hizmet etmeyen tüm olumsuz düşünce, duygularımı, sözleri, negatiflikleri; varlığımı ve özgürlüğümü engelleyen tüm bu yükleri şimdi sonsuza kadar sevgimle kaynağa gönderiyorum. Yerine mucizevi bir şekilde; ruhumun, bedenimin, kalbimin, zihnimin, egomun sağlıkla dengeli bir şekilde, huzur, mutluluk, neşeyle, rahatlıkla, coşkuyla ilahi olan saf sevgi enerjisiyle dolmasına hepimiz için yeniliklerle ve sürprizlerle dolu olması için niyet ediyorum. Kendimi negatif tüm enerjilere kapatıyorum, ön ve arka portallarım kapalı, anahtar da benim kilit de."

Sana iyi gelen her şey bir bir karşına çıksın... Sen her zaman *iyi olacaksın.*

Son Kez Yüzleş

Dünün hatalarını bugün tamir edip yarına daha güzel bir gelecek bırakabilirsin... Her şey senin elinde... Gün içerisinde binlerce düşünce geçiyor zihin alanından ve bunların çoğu bir sonraki güne aktarılıyor. Sürekli olarak dünden şikâyet ediyorsan artık tamamen yüzleşme zamanın gelmiş ve geçiyor demektir.

İnsan kendine en büyük kötülüğü kendini zerre kadar umursamadan, anlamadan, fark etmeden yapabiliyor. Kendi değerini hiçe sayıp, varlığını görmezden gelip fütursuzca suçluyor kendini... Halbuki en derin yaraların sahibi kendiyken, kendini bu kadar anlamsızlaştırması ve yok sayması en büyük bırakıştı. Her nerede, ne yaşadıysan bugün miladın olarak koy noktayı. Bugün senin yeniden başladığın gün, yeniden yola çıkıp kendin için bir şeyler yapacağın, kendini yeniden programlayacağın gün...

Bilinçaltı; zihnimizin en bilinmez sorularından biri. Bilinçaltı için pek çok şey söylenebilir. Ama en önemli şey bilinçaltının hayatımızı nasıl etkilediğidir. Bilinçaltı bizim bilinçsiz beyin yapımızdır. Kısaca oraya tam bir erişimimiz yoktur. O bölüme yetki ve etkimiz sınırlıdır. Fakat yine de bilinçaltına bu 4 yöntem ile düşünce aşılayabilirsiniz:

İmajinasyon Çalışmaları: Bir düşünceyi zihne (bilinçaltına) sokmanın en kolay yolu onu sürekli hayal etmek ve yaşanmış gibi canlandırmaktır. Bilinçaltının bir özelliği de gerçek ile hayal arasında bir ayrım yapmamasıdır. Hayal ettiğiniz düşünceleri bilinçaltınız gerçek olarak kabul etmektedir.

Olumlama çalışmaları: Her gün belirli saatlerde tekrar edilen pozitif cümlelere olumlama diyoruz. Bu cümleleri internetten bulabileceğiniz gibi şimdiki zaman dilimini kullanın ve cümleler olumlu olacak şekilde, kendiniz de üretebilirsiniz. "Şu anda huzur içindeyim. Her şey yoluna giriyor" gibi mesela.

Self-Hipnoz: Kendi kendinizi telkin edebilirsiniz. Sakince bir yere uzanın ve bir süre nefesinize odaklanın. Zihninizde sürekli "Rahatlıyorum ve sakinleşiyorum" kelimelerini söyleyin. Beden ve zihin tamamen rahatladığında bilinçaltına girmesini istediğiniz cümleyi iletin, mesela, "Ben sigarayı bıraktım. Ciğerlerime temiz ve iyi hava doluyor" gibi telkin cümleleri iletebilirsiniz. Unutmayın, uyumadan önceki an zaten hipnoz durumundaki hal gibidir. Onun için uyumadan önce istediklerinizi bilinçaltınıza iletin.

Farkındalık: Tüm yapmanız gereken şimdiye ve çevrenize odaklanmak. Eğer doğru şekilde şimdiye odaklanırsan çok garip hissedeceksin. Çünkü gerçek şudur. İnsanlar düşüncelerin içinde yaşarlar. Şimdiye odakladığınızda geçmiş üzüntüler ve gelecek kaygılar yok olur. Farkındalık devreye girdiğinde bilinçaltını fark edeceksiniz. Onun hayatınızdaki izlerini görmeye başlayacaksınız. Farkındalığınızı artırın. Bu bilinçaltına girmenizi sağlayacaktır. Fikirlerinizi şimdiki zamanı kullanarak bilinçaltına ulaştırabileceksiniz.

Son olarak benim cevherim... Bir gün Allah'a kapattığı kapılar için teşekkür edeceksin, yolunda gitmeyen şeyler için O'na şükredeceksin. Ve şunu bil ki Allah'ın planı her zaman bizim isteklerimizden daha hayırlıdır. Onun için bak, dikkatini iyice ver!

Allah şöyle buyurdu:

"Rabb'in seni bırakmadı ve sana darılmadı."

– Duha Suresi 3. ayet

Kalbimi ısıtan, sıcacık bir dua ve niyet...

Işığın Şifa Yolu kitabımda yazdım bu kelamları...

"Allahım, irademi sana teslim ediyorum..."

Şimdi koy ellerini kalbine, kalp çakrana yerleştir lütfen... Kalp çakranın rengi yeşildir... Orada yeşil bir ışık yansın ve tüm varlığını korumaya alsın... Seni sarmasına izin ver... Şimdi! her bir kelimeyi hücrelerinde hissederek kulağının duyacağı şekilde oku lütfen:

"Yüce Allahım; bu duam tüm tıkanıklıkları açsın, temizlesin, bu yakarış kötü duyguları ve hatıraları silsin, tüm olumsuz yaşanmışlıklar bu dua ile son bulsun, tüm blokajlar ve negatif istenmeyen enerjiler temiz, tertemiz enerjiye, duru ışık ve koşulsuz sevgi enerjisine dönüşsün. Her gün bana verilmiş olan dünya yaşamı için şükrediyorum. Aklım, bedenim ve yaşamım için şükrediyorum. Şifa bulmak, vermek ve aydınlanmak için olan arzuma şükrediyorum. Benliğimi ilahi sistemin benliğine bırakıyorum. Akışa direnmeden kendimi bütünün hayrına ve en yüksek iyiliğine teslim ediyorum. İlahi bilgiyi taşıyan ışığı ve bu ışıkla çevremi aydınlatmayı seçiyorum. İnsanları affetmeyi ve onları sonsuz bir şekilde sevmeyi seçiyorum.

Kendi varlığımı ve ilahi bilgeleri, bilgelikleri onurlandırmayı seçiyorum. Değişimi seçiyorum ve değişime güveniyorum. Biliyorum ki her şey ilahi planda benim iyiliğim ve güvenliğim için. Evrensel tüm pozitif enerjiye kendimi açıyorum, auramı ve tüm alanlarımı negatif enerjiye kapatıyorum, ön ve arka portallarım kapalı, anahtar da benim kilit de..."

Kendi gerçeğine uyanan kişi filozoftur. Kendine uyan çünkü *iyi olacaksın.*

Varlığını Onurlandır

"Düşünüyorum, öyleyse varım!"
– Descartes

"Bir sabah, uyanır uyanmaz pencereden dışarıya baktım ve doğanın benzersiz güzellikleriyle karşılaştım. Bulutlar yumuşakça gökyüzünde dans ediyor, kuşlar melodik şarkılarını söylüyordu ve güneş ışıkları yeryüzünü sıcak bir kucakla sarıyordu. O an, içimde bir his uyandı; bir farkındalık, bir şimdiye aitlik duygusu. O an fark ettim ki bu anın tadını çıkarmak için buradayım. Dünün yükleri ve yarının endişeleri arasında sıkışıp kalmadan, sadece şu anı yaşamak ve bu anın güzelliğini hissetmek için buradayım. Çünkü şimdi, gerçek yaşamın tam ortasında yer alır. Geçmişteki hatalarıma veya gelecek kaygılarıma takılıp kalmadan, şimdiyi sevgi ve şükranla kucaklıyorum.

Öyleyse varım, bu anın ve bu yaşamın bir parçasıyım. Her nefes alışım, her adımım, beni bu anın derinliğine götürüyor. Hayatın akışında, her an bir mucize ve her an bana bir hediye. Bu gerçeğin farkındayım, içimdeki derin huzurun kaynağının farkındayım. Bugünü doya doya yaşıyorum ve bu anın güzelliğini kucaklıyorum. Geçmişi geride bırakıyorum ve gelecek hakkında en güzel niyetlerimle yola çıkıyorum. Çünkü şimdi, gerçek yaşamımın tam merkezinde yer alır.

Öyleyse varım, şimdi ve burada, yaşamın tam ortasında, her şeyin en değerli olduğu yerde, kendi merkezimdeyim. Olana olmayana, gelene gelmeyene sonsuz şükürdeyim. Olanda olmayan da hayrıma, iradem Yüce Allah'ımın iradesine teslimdir. Kün fe yekûn."

Cevher'imin Doğuşu

"Önce kendini sevmeyi, sonra başkalarını sevmeyi, ondan sonra da başkalarının seni sevmesine izin vermeyi öğrenmelisin..."
– Sibel Uzun

Her şey seninle başladı... Sevgi senin gerçek tanımındı. Öyle yaşanmışlıklara imza attın ki kendinden daha fazla her şeyi sevdin. Kendinden başka her şeye öncelik verdin. Bir tek kendini ertelemek sana yük olmadı. Her şeyin başı da sonu da sensin ama ortada sen yoksun.

Kendini sev diyorum fakat dikkat et... Narsis birine dönüşmeden sev. Bencil olmadan sev. Ben demekten sen demeye, sen demekten de biz demeye başla. Kendini sev diyorum! Çünkü sen; eşsiz, biricik ve çok kıymetlisin. Acılar, üzüntüler, kederler, hayal kırıklıkları olacak... O karanlık korkutmasın seni...

Bir tohum düşün... Tohumu aydınlık alanda filizlendiremezsin... Toprağa gömülür ve karanlıkta kalır... Orada suladıkça filizlenir. Düştüğün, kırıldığın, incindiğin, karanlığa gömüldüğün neresi var ise sadece yeni bir tohum gibi kendini filizlendir.

Doğ! Kendine doğ! Kendini, kendine doğur. Sen; sana, sendeki âlemlere tanık ol! Ve cevherin hep parlasın... Sen bunu yapabilirsin! Biliyorum! Onun için kendini çok sev! Kendini sevmek... Kendinle yüzleşmek... Çok basit gibi görünse de kabul ediyorum en zor hal... O yüzleşme hiç kolay olmuyor, gözlerimizin içine baktıkça her yaşanmışlık film şeridi gibi geçiyor her haliyle... Her haliyle. Yavaş yavaş başlıyor insan yüzleşmeye. Önceleri beliren öfke zamanla kendini sevgiye dönüştürüyor. Acı çekiyorsunuz bu alıştırmayla, gerçekten buram buram acı çekiyorsunuz.

Sana minik egzersizden bahsetmeyi seçiyorum...

Kendini sevmek...

Her sabah gözlerinin içine bakıp gerçekten kendini sevdiğini hatırlamak...

Yap mutlaka... Basit gibi görünen zoru başar.

Bir zaman sonra...

Kendinizi sevmeye başladığınızda arınmış oluyorsunuz. İçinizdeki çocuğun yeniden doğuşuna şahit oluyorsunuz... Sonra kendinizi değerli hissetmeye başlıyorsunuz. Daha sonrası mı! Yükseliş zamanı... Kendinizi sevin! Çok sevin. Mutluluğun doğal haline bürünmesi ancak bu şekilde harikalar yaratıyor.

Charlie Chaplin 70. yaş gününde bir şiir yazıyor, inanılmaz manidar.

Kendimi Sevmeye Başladığımda

Kendimi gerçekten sevmeye başladığımda

Anladım ki

Duygusal acılar ve keder, bir uyarıydı bana

Kendi gerçeğime karşı yaşadığımı anımsatan.

Biliyorum, bugün buna *"özgün olmak"* diyorlar.

Kendimi gerçekten sevmeye başladığımda
Zamanı gelmediğini
Ve o kişinin hazır olmadığını bildiğin halde onu
İsteğimizi yapmaya zorlamanın
O insan kendim de olsam
Ne kadar utanç verici olduğu anladım.
Bugün buna, *"kendine saygı duymak"* dendiğini biliyorum.

Kendimi gerçekten sevmeye başladığımda
Başkalarının hayatına özenmekten vazgeçtim
Ve önüme çıkan zorlukların
Olgunlaşmam için aşmam gereken engeller olduğunu fark edebildim.
Günümüzde buna, *"bilgelik"* dendiğini biliyorum.

Kendimi gerçekten sevmeye başladığımda
Her zaman, her fırsatta
Doğru zamanda, doğru yerde bulunduğumu anladım.
O andan itibaren de huzura erdim.
Bugün buna, *"varoluşa saygı"* dendiğini biliyorum.

Kendimi gerçekten sevmeye başladığımda
Kendime ayırmam gereken zamanı başka şeylere harcamaktan
Geleceğe ilişkin büyük projeler yapmaktan vazgeçtim.
Bugün artık yalnızca bana keyif ve mutluluk veren
Sevdiğim ve hoşuma giden işleri

Kendime özgü yol, yordam ve tempoyla yapıyorum.
Günümüzde buna, "*kendine karşı dürüstlük*" dendiğini
biliyorum.

Kendimi gerçekten sevmeye başladığımda
Sağlıklı olmayan her şeyden kurtardım kendimi.
Yemeklerden, insanlardan, nesnelerden, durumlardan.
Hepsinden önce de beni benden koparıp diplere çeken
şeylerden.
Başlangıçta buna "*sağlıklı bencillik*" diyordum.
Bugün biliyorum ki, bu "*kendini sevmek*"tir.

Kendimi gerçekten sevmeye başladığımda
Vazgeçtim
Her zaman kendi haklılığıma inanmaktan.
Daha az yanılmaya başladım böylece.
Bugün anladım buna "*sade olmak*" dendiğini.

Kendimi gerçekten sevmeye başladığımda
Düşüncelerimin beni zavallı ve hasta edebileceğini fark
ettim.
Buna karşın yüreğimin gücünü yardıma çağırdığımda
Aklım değerli bir ortak kazandı.
Bu ilişkiye bugün "*yürek bilgeliği*" diyorum.

Kendimizle ya da başkalarıyla tartışmaktan
Çatışmaktan ve sorun yaşamaktan korkmamalıyız.

Çünkü yıldızlar bile bazen birbiriyle çarpışır
Ve yeni dünyalar oluşur.
Bugün bunun *"yaşamak"* olduğunu biliyorum!

Şimdi canım cevher: Ben, seni çok seviyorum. Kendine duyduğun özsaygın, şefkatin, sevgin için teşekkür ederim.

Unutma; sen kendini sevdiğinde, her şey seninle çok güzel olacak... Sen hep *iyi olacaksın.*

BİTİRİRKEN

Yaşamın karmaşık dokusunda bazen yollarımız karanlık tünellere girer ve gökyüzünde göremediğimiz bir güneş gibi, umutsuzluğa kapılabiliriz. Ancak hatırla, bu karanlık tünelden geçtikten sonra tekrar ışığa çıkacaksın. Zor zamanlar gelip geçici olabilir, ancak içsel gücümüz ve dayanma yeteneğimiz kalıcıdır. Hayatın getirdiği zorluklarla başa çıkabiliriz ve her zorluk, bizi daha güçlü ve daha dirençli yapar. Belki şu an ne yapacağını bilemiyor olabilirsin, belki de gelecek hakkında endişeleniyorsundur. Ancak içsel bir ses sana hep söyleyecektir: "*İyi olacaksın.*" Bu sesi dinle ve güven. Her şeyin bir yolunu bulacaksın ve sonunda daha güçlü bir şekilde çıkacaksın.

Bilirsin, her sorunun bir çözümü vardır ve her karanlık gecenin ardından bir şafak söker. İçsel gücünü, cesaretini ve inancını koru. Zor zamanlarda bile, kendine güven ve bil ki iyi olacaksın. Gelecek sizin elinizdedir ve her an yeni bir başlangıçtır.

Geçtiğin zorlu bir dönemi atlatırken kendine şefkatli ol ve kendini motive et. İleriye bak ve içsel gücünle hareket et. Unutma ki bu dünyada pozitif her şey mümkündür ve senin de yapabileceğin çok şey var. *İyi olacaksın* cevherim.

İyi olacaksın canım cevher, çünkü her gün bir öncekinden daha güçlü ve daha bilge olacaksın. Her deneyim, seni daha da olgunlaştıracak ve ruh, beden, zihin dengesinde daha sağlam hale getirecek.

Geleceğe umutla bak ve içindeki potansiyeli serbest bırak. Kendine güven ve hayallerine doğru cesurca ilerle. *İyi olacaksın*, çünkü sen, hayatın sana sunduğu her zorlukla başa çıkabilecek kadar güçlüsün. Hayat bazen inişlerle dolu olabilir, ancak sen her zaman yukarı doğru ilerleyeceksin. Her zorluk, seni daha da olgunlaştıracak ve güçlendirecek. İçindeki gücü ve direnci hisset ve inan ki *iyi olacaksın*.

İçsel gücünü keşfet ve kendine olan inancını güçlendir. Hayatta karşılaştığın her zorluk, senin daha da güçlenmeni sağlayacak bir fırsattır. Her gün, kendini biraz daha geliştirmek için bir fırsattır. *İyi olacaksın*, çünkü içindeki güçlü ve sebatkâr ruh, her türlü engeli aşabilir. Hayatta karşılaştığın her zorluk, seni daha da güçlü kılacak ve seni istediğin yere ulaştıracaktır.

Kendine olan güvenini koru ve kendi değerini asla unutma. Hayatta karşılaştığın zorluklar seni yıldıramaz, çünkü senin içinde sonsuz bir güç yatıyor. *İyi olacaksın*, çünkü sen, yaşamın güzelliklerini ve zorluklarını kucaklayacak kadar güçlüsün.

İyi olacaksın, çünkü içindeki kudret ve dayanıklılık, hayatın sunduğu her zorluğun üstesinden gelmene yetecek. Geçmişin deneyimleri seni güçlendirdi ve geleceğin ise senin için aydınlık bir umut sunuyor. Zorluklarla karşılaşsan da içindeki ışığı asla söndürme. Her gün, bir adım daha ileriye doğru ilerle ve kendi başarının mimarı ol.

İyi olacaksın, çünkü geçmişin hataları veya korkuların, senin parlayan geleceğini gölgeleyemez. İnançla ve azimle hareket et, çünkü sen gerçekten *iyi olacaksın*.

İyi olacaksın, çünkü her bir nefes alışın, yeniden doğuşun bir işaretidir. İçindeki karanlıkta bile, bir ışık huzmesi vardır. Her an, umudun ve sevginin bir işareti olarak parlar. Geçmişin yaralarını taşıyabilirsin belki ama bunlar senin güçlü yanlarını gösterir. Her bir zorluğun ardında, içinde bir savaşçı yatar. Ve o savaşçı, hayatın her dalgasında yüzecek kadar cesur ve her fırtınada dimdik ayakta duracak kadar güçlüdür.

İyi olacaksın, çünkü içinde sonsuz bir sevgi kaynağı var. Kendine, hayata ve başkalarına olan bu sevgi, seni daima yukarı taşıyacak. Karanlıkta kıvranırken bile, bu sevgi seni aydınlığa götürecek.

Unutma, her bir zorluk, seni daha da olgunlaştıracak ve büyütecek. Ve her bir kırık, seni daha güçlü kılacak. İçindeki bu derin kuyudan çıkıp parlamak için doğmuşsun. Ve sen, içindeki bu parlaklığı keşfettiğinde, gerçekten, *iyi olacaksın.*

Şimdi canım cevherim...

Önce kendine sonra yine kendine söz ver.

İyi olacaksın...

-SON-

(Yok)

Önemli not:

Bu kitaptaki hiçbir öneri, yönlendirme tıbbi tanı ya da tedavi yerine geçmez. Psikolojik tanı içermez. Terapi inisiyatifi görmez. Tüm ruhsal ve bedensel sağlık sorunlarınızda doktorunuza danışın.

KAYNAKÇA

Âlemü'l-Kütüb, Tahkik: Abdülazîz İzzeddin es-Seyrevân, Birinci Baskı, Beyrut 1407/1986

Aşkın Mahiyeti Hakkında Risale (Risale Fî Mahiyeti'l-Işk), İbn Sînâ, Çev. Ahmet Ateş, İstanbul Üniversitesi Edebiyat Fakültesi Yayınları, İstanbul: İbrahim Horoz Basımevi, 1953, s. 3 vd.

Divân-ı Kebir VII, Mevlana

Futuhât-ı Mekkiyye, İbn Arabî, Çev. Ekrem Demirli, C. 2, s. 27

Gazzali ve Şüphecilik, İbrahim Agâh Çubukçu

Harfler Kitabı, Farabi, Çev. Ömer Türker, İstanbul: Litera Yayıncılık, 2008

Harflerin İlmi, İbni Arabi

Islamic Philosophy From Its Origin to the Present, Philosophy in the Land of Prophecy, Seyyed Hossein Nasr, New York: Published by State University of New York Press (2006), s. 63-68

İbn Sînâ Metafiziği, Hayrani Altıntaş, Ankara: Ankara Üniversitesi İlahiyat Fakültesi Yayınları, 1992, s. 111-117

İbni Arabi'nin Füsus'undaki Anahtar Kavramlar, İzutsu, T.

Kitabu'ş-Şifa: II, Analitikler, İbn Sînâ, Çev. Ömer Türker, İstanbul: Litera Yayıncılık, 2006, s. 87 (159-160)

Kitabu'ş-Şifa: Kategoriler, İbn Sînâ, Çev. Muhittin Macit, İstanbul: Litera Yayıncılık, 2010, s. 57-58 (100-101)

Kitabu'ş-Şifa: Metafizik I, İbn Sînâ, 27, (68)

Kitabu'ş-Şifa: Metafizik I, İbn Sînâ, 28 (70-73)

Kitabu'ş-Şifa: Metafizik I, İbn Sînâ, 29 (73)

Kitabu'ş-Şifa: Metafizik II, İbni Sina, Çev. Ekrem Demirli-Ömer Türker, İstanbul: Litera Yayıncılık, 2013, s. 1-5, (521-529)

Lisanü'l-Arab, Ebü'l-Fazl Muhammed b. Mükerrem b. Ali el-Ensârî İbn Manzur, Beyrut 1414/1994 V, s. 445, "vcd" md.

Mârifetnâme, Erzurumlu İbrahim Hakkı, Çev. Faruk Meyan, İstanbul 1999, s. 99

Mesnevi Tercümesi ve Şerhi VI, Gölpınarlı, A., İstanbul, 1983-84

Metaphysics, Aristotle, s. 49

Metaphysics, Aristotle, Trans. W. D. Ross, Global Grey, 2017, s. 47

Metinlerle Tasavvuf Terimleri Sözlüğü, Zafer Erginli s. 97

Metinlerle Tasavvuf Terimleri Sözlüğü, Zafer Erginli, s. 546

Mişkâtü'l-Envâr, Gazzâli, s. 152-153

Müfredât elfâzu'l Ḳur'ân, Ebü'l-Kasım Hüseyn b. Muhammed b. el-Mufaddal er-Râgıb el-İsfahânî (nşr. Safvân Adnân Dâvûdî), Beyrut: Dâru'ş-Şâmiyye, 2014, s. 471, "şey" md.

Paradigma Felsefe Sözlüğü, Ahmet Cevizci, İstanbul: Paradigma Yayıncılık, 2010, s. 1249-1250

Parmenides, Platon, Çev. Aziz Yardımlı, İstanbul: İdea Yayıncılık, 2011/2. 14 vd.

Tasavvuf Terimleri ve Deyimleri Sözlüğü, Ethem Cebecioğlu s. 17

Tasavvufun Boyutları, Schimmel, A.

Tedbîrâtü'l-İlâhiyye, Muhyiddin ibn Arabî, Kalem Yayınevi, Birinci Baskı, İstanbul, Ağustos 2006, s. 170

Tercüme ve Şerh, Ahmed Avni Konuk, Haz. Mustafa Tahralı, İz Yayıncılık, İstanbul 1992

"The Parmenides of Plato and the Origin of the Neoplatonic One", E. R Dodds, The Classical Quarterly, Vol. 22, No. 3/4 (Jul. - Oct., 1928), pp. 129-142, s. 131 vd.

"Varlık ve Anlam: Bilgi ve Bilinenin Özdeşliği Üzerine-Fahreddin er-Râzî ve Takipçilerinden Hareketle Bir Değerlendirme", Ömer Türker, *Nazariyat: İslâm, Felsefe ve Bilim Araştırmaları Dergisi*, 1/1 (2014), s. 38

https://kolektifhouse.co/komag/elon-musk-in-zaman-yonetimi-metodu-timeboxing

https://sorularlaislamiyet.com/blog/insan-ve-kainat-kucuk-kainat-ve-buyuk-insan

https://www.bilgierdemdir.com/2016/08/bilincaltini-programlama-ipuclari-4-yontem.html

https://www.hakikat.com/hakikat-dergisi/273/yaratilmislarin-en-sereflisi-kainatin-hulasasi-insan

SİBEL UZUN

ROTA HESAPLANIYOR

"Dün akıllıydım, dünyayı değiştirmek istedim; bugün ise bilgeyim, kendimi değiştirdim."
- Hz. Mevlana Celaleddin-i Rumi

KENDİNE DÖNÜŞ BAŞLADI